だれにでも起きる!?

ニート・ひきこもりへの対応

ＮＰＯ法人教育研究所理事長／
教育コンサルタント
牟田武生 著

教育出版

はじめに

■ニート・ひきこもりはだれにでも起きる!?

私は三十数年間カウンセリングや心の問題についての調査研究を行ってきたが、近年、これまでの対応が通用しない、新しいタイプの不登校やニート・ひきこもりが急増していることがわかった。彼らは内向的（人間関係が消極的でひき気味の人）ではあるものの、**どこにでもいそうな人達**である。

また、従来型の不登校やニート・ひきこもりの人達が、心の問題が改善され情緒が安定してきた後に**新しいタイプの不登校やニート・ひきこもりに移行してしまう**例もある。

この急増する新しいタイプの人達に対して、現在一般的である受容的対応（積極的に登校・出社をはたらきかけずに、子どもの意思を尊重する対応）をとっても、不登校やニート・ひきこもりの状態は改善していかない。むしろ、「様子を見守りましょう」「子どもの心にエネルギーがたまるまで待ちましょう」に代表される受容的対応だけでは、その状態がズルズルと長引いてしまう。受容的対応が必ずしも悪いわけではないのだが、それだけでは対応しきれない事態が起こっているのである。

本書は、主にこの急増する新しいタイプの不登校やニート・ひきこもりについて具体的に述べ、彼らと向かい合うための新しい対応方法を紹介したものである。お子さんが**新しいタイプかどうかを見分けるための簡易判定法**も掲載した（第三章九三ページ参照）。

■不登校・ひきこもりからニートになっても

仕事もせず、学校にも行かず、進学や就職のための訓練も受けていない若者のことをニートと呼ぶ。今や国をあげて対策に乗り出している社会問題である。

不登校・ひきこもりの子ども達や、それらの傾向を潜在的にもちながらも社会に参加し続ける子ども達を支援していくことで、ニートになる若者を減らすことができると私は思っている。玄田有史氏も指摘するように、不登校・ひきこもりへの対応の悪さが日本版ニートをつくりだしていると考えられるからである。

しかし、これまでのような単に子どもが変わればよいという考え方では、これらの問題は解決しないだろう。まずは**私たち大人の意識が変わる**ことこそが大切なのである。

本書では、すでにニートの問題で苦しんでいる読者のために、冒頭に希望の章を設けて、**ニート対応プログラム**を紹介した。

二〇〇五年夏

牟田　武生

目次

第四章 自立へ向けての出発

具体的な事例Ⅰ

具体的な事例Ⅱ

希望の章

ニート対応プログラム

1 日本版ニート[*1]が起こる背景

高い経済成長を通じて、物質的に豊かな社会を形成した日本は成熟化社会[*2]に入った。成熟化社会になると、貧しい時代の頃の「喰うために働く」「家族のために身を粉にする」という意識は薄れてしまう。一人ひとりの能力や知識・経験などを生かせる仕事や、生き方や個性を表現できる仕事を求め、精神的な充足感を得ようとする。その一つの現れとして、成熟化社会に入りはじめたバブル時代から、若者達は三K（きつい・汚い・危険）の仕事を敬遠するようになった。

バブル経済崩壊後、長期化した不景気の中、企業は国際的な競争力を維持するために、人件費の削減を含めた大規模なリストラを行い雇用システムに変化が起きた。今までの日本独自の年功序列による給与体系や終身雇用制から業績主義に移行してきてもいる。

バブル崩壊以前は新卒者や若者を大量に雇用し、長期間の企業内研修を行って会社への忠誠心の強い人材を育成した。バブル崩壊後は企業財力の弱体化によって若者にも即戦力を求める傾向が強くなり、派遣社員や契約社員が増えて

＊1　ニート（NEET）　英語の「Not in Education, Employment, or Training」の頭文字をとった、仕事もせずに、学校にも行かず、職業訓練も受けていない若者のこと。厚生労働省は二〇〇四年度（平成一六年度）の「労働白書」の中で、一四歳以上三五歳未満、学校卒業者、（中退者も含む）未婚・家事・通学をしていない者を「若年無業者」と定義し、労働調査から「二〇〇三年で五二万人に上る」と推計した。二〇〇二年度は四八万人なので、一年間で四万人増加していることになる。

＊2　成熟化社会
『平成一六年度版労働白

きた。しかし、縦割り行政の影響をまともに受ける閉鎖的な学校教育では、読み書き・計算は別にしても、実社会ではあまり役に立たない丸暗記の学習を続け、就労意識や職能技術は企業教育で行うといった旧態依然とした終身雇用の意識がまだ残る。

バブル経済崩壊以前の若者達から見れば、「学校教育 → 企業の新卒者大量雇用 → 社会人としての企業研修 → 終身雇用」という流れがあり、自分の人生設計が立てやすかった。その影響で、「よい高校はよい大学につながり、大きな安定した会社への就職ができ、高い給与と身分が保障され、幸福な人生が得られる」という意識が、偏差値教育の弊害を生み出した。しかし、**バブル期の若者にとっては、まだ学校と社会はなだらかにつながっていた。**

2 怠け者と決めつけるのは間違い

バブル経済崩壊後、長引く不況の中で社会構造が大きく変わり学歴社会の神話は崩壊。学校教育と社会の間に、就職難や不安定な雇用形態という大きな断

書』の「労働経済の分析」総括より。

層ができたことを若者は感じ、**社会を前に「立ちすくむ」「自信を失う」感覚をもった。**ましてや、不登校のまま中学を卒業した人、高校や大学・専門学校中退でひきこもった人には、社会との「つながりを失う」感覚が起こるのは当然のことだろう。

学校教育と社会システムの間にある見えない断層が、ニートを生んだ一つの要因であるかもしれない。ニートにならずに派遣社員や契約社員、フリーターとして生活している若者にとっても、自分の将来に対する不安は大きい。

労働政策研究・研修機構の小杉礼子副総括研究員らの主張する五つのキーワード[*3]を使い考えてみよう。

働くことを前向きに考えている若者達は、日本経済の景気回復を期待し「次の機会を待とう」という気持ちで、フリーターとして現在働いている人も多いはずだ。遊び人意識の「刹那に生きる」を別にしても、**「機会を待つ」「立ちすくむ」「自信を失う」という若者の意識構造は自然なものであり、これを単なる怠け者と決めつけることは間違いである。**

バブル経済が崩壊しても、まだ国民には蓄財があり、日本社会は成熟化社会を維持している。人々の働く気持ちとして、「自己実現」「生きがいを感じる仕事」を求める。若者は仕事を含め自分の生き方を模索する自分探しをする時代だ。

＊3　五つのキーワード
ニートについて「機会を待つ」「立ちすくむ」「自信を失う」「刹那に生きる」「つながりを失う」の五つに類型し、「怠け者」と一律に決められないとしている。労働政策研究・研修機構、小杉礼子副総括研究員らの主張。

バブル経済の時、学校を卒業し会社に就職できるのに就職せず、フリーターでお金を貯めて海外へ貧乏旅行に出て自分自身を見直し、新たな自分を発見して就職する若者達のことを第二新卒といった。自宅に寄生するパラサイトシングルの若者も多くいる。これらの人々も含めて、自分探しをしている若者は多い。求めるものは**「個性ある自分流の生き方」**だ。好景気の時は大人になっていなくても就職できた。しかし、不景気になると、就職は限られ、長期アルバイトも派遣会社経由でなくては見つかりにくくなる。少しのんびりしているうちに、いつの間にかニートになってしまっていることも考えられる。

3 不登校・ひきこもりへの対応の悪さからニートに……

ニート[*4]という言葉の発祥の国イギリスとは、経済改革にともなう若年失業者の増加ということにおいては同じだ。違いは「小・中学生の不登校や、高校や大学中退からひきこもり[*5]、ニートに移行していく」ことにあると、この問題に詳しい東京大学助教授玄田有史氏は指摘する。

＊4 ニートという言葉の発祥の国イギリス
英国ではサッチャー前首相による産業の立て直しとして、技能向上による経済競争力の強化を目的にした経済改革政策の副作用によって、多くの若年失業者が生まれた。そこでその対策の一環として、ニートの調査研究が始まった。英国のニートは一四歳から一八歳までと十代が中心である。

＊5 ひきこもり
厚生労働省の定義などを参考にすると、
①自宅にひきこもって学校や会社に行かず、家族以外との親密な対人関係がない状態が六か月以上続いている。

このことから、日本では**「不登校[*6]→ひきこもり」への対応**が充分でなかった結果、ニートに移行したと考えられる。

ところで、性格検査に**YG検査**（矢田部・ギルフォード検査のこと）というものがある。就職試験やカウンセリングなどの際によく用いられるものである。価格も手ごろであり、インターネット[*7]上で購入も可能である。

YG検査では、人のタイプをおおまかに、**A・B・C・D・E類**の五つに分ける。C・E類は社会的内向（対人関係に消極的でひき気味）の人であり、これに対し、B・D類は社会的外向（対人関係に積極的）の人である。A類は、C・E類やB・D類のいずれの要素ももっている人と考えられる。詳しくは左の通りである。

A類…情緒[*8]は安定でも不安定でもない。行動面は社会的内向・外向両面において偏りが目立たない平凡な人が多い。

B類…情緒は不安定。行動面では活動的、社会的外向である。自己抑制力が欠けると非行などの反社会的行動を起こしやすい。

C類…情緒は安定でも不安定でもない。行動面では消極的、社会的内向の人が多い。

②統合失調症（かつての精神分裂病）やうつ病などの精神障害が第一の原因とは考えにくいもの。

これらに該当するものを「ひきこもり」と呼ぶ。

斎藤環監修『NHKひきこもり』（NHK出版、二〇〇四年）を参照。

＊6　不登校

文部科学省は、不登校の定義として、①いやがらせをする生徒や、教師との人間関係が原因で登校しない（できない）、②無気力でなんとなく登校しない、③登校の意志はあるが体の不調を訴えて登校できないなど、具体的に定義している。

D類…情緒は安定している。行動面では活動的、社会的外向的な人である。
リーダータイプの人が多い。
E類…情緒は不安定。行動面では消極的、社会的内向の人が多い。ひきこもりをともなう不登校の人はこのタイプが多い。

これまでは、主にE類のタイプが不登校やニート・ひきこもりになるケースが多かった。

しかし、近年ではC類のタイプが不登校やひきこもり・ニートになる割合が急増している。C類はYG検査解説マニュアルでは「おとなしい、消極的な性格だが、情緒は安定しているタイプ」である。

C類の人は、特に問題のない、どこにでもいる人である。たとえて言うなら、何となく人のあとについて行くタイプで、学校生活や社会生活では特に問題を起こすこともない、どちらかといえば目立たない人である。このような人はいたるところで見かけることができる。

にもかかわらず、現在、**C類である彼らが問題を抱えて、不登校やひきこもり・ニートになっているケースが非常に多い**（詳細は第二章、第三章参照）。なお、**C類かどうかを自己診断できる簡易判定法**を九三ページに掲載しているの

＊7 インターネット上で購入も可能
YG検査は、日本では竹井機器工業株式会社が販売している。
「YG検査」とインターネットで検索をかけると、取り扱っている代理店を探すこともできる。

＊8 情緒
感情のうち、怒り・恐れ・喜び・悲しみのように、突然にひき起こされた一時的で急激なものをいう。

で参照されたい。

ＹＧ検査をもとに考察すると、情緒が不安定で社会的内向であるＥ類の人がひきこもったまま成人になり、情緒的には安定してきたが社会的内向が強いため社会参加しないＣ類に変化した事例が多い。もちろん近年は、Ｃ類がそのままひきこもって、ニートになった事例も多く見られる。

成人期に達したニートの人達の特徴を臨床事例から整理してみる。

4 成人期になった人のニートの特徴

成人期になった人のニートの特徴には、次のようなものがある。

・情緒は安定しているために刺激を受けなければ気分の変動は少ない。
・自分にとって必要なことについては出かけて行くことができる。
・日常生活も安定し、自分の**好きなことは一日中やっている**ことができる。

・悩みや葛藤に苦しんでいる感じはみられない。
・「仕事をしたら」などの刺激を行うと、「こんな状態にしたのはお前らだ」と両親を責め、人のせいにする（他罰的な態度をとる）。
・言動や脅《おど》しなどにより、母親を不安と恐怖に落とし服従させ、隷属関係を無意識に強いる場合が多い。長引いたひきこもりのケースでは、ひきこもった子どもを世話することによって、自分の存在の意義を感じる共依存の関係が母子の間で成立しているケースさえある（第四章＊12参照）。
・子どもがひきこもって仕事をしなくても、経済的に困らない家庭が多い。

このようなひきこもりをともない、好きなことには一日中熱中できるオタク傾向のあるC類のニートを、私はオタク[*9]（ヲタ）型ニートと呼んでいる。オタク（ヲタ）型ニートの人を父性原理[*10]によって、社会適応させようと思っても、回避性人格障害[*11]がある場合はほとんど上手くいかない。

＊9　オタク（ヲタ）型ニート
E類からC類に変化してニートになったタイプと、C類からそのままニートになったタイプの両方をさす。

オタクの中には、同人誌の販売などのイベントを企画・実施する積極的なタイプも存在するが、ここで述べるタイプのオタクは消極的な人のことを指す。

＊10　父性原理
父性原理は「切る、区別する原理」。母性原理は「包み込む原理」をいう（河合隼雄）。

＊11　回避性人格障害
社会的な制止、否定的な評価に対する過敏性の強さ

5 プラス面を評価する？

オタクというと、昔は反社会的なイメージがあったが、現在では非社会的なイメージの方が強い。「暗く・ひきこもり・自分の好きな世界にのめり込み現実社会を回避し生活する人」というマイナスイメージがある。しかし、**オタクは成熟社会だから生まれる社会現象であり、社会の最先端を行く人でもあるはずだ。**アニメーションや漫画・ネットゲームに敏感で、**若者文化をいち早く吸収し生活に取り入れている**（取り入れ過ぎているきらいもあるが）。

その世界にのめり込むのは、もちろん、自信のなさや内向的な性格による現実社会からの回避もあるが、本人は仮想の世界を理解する力や創造力をもっていないと長続きはしない。

解決策の一つはオタクのマイナス面を考えるより、持っているプラス面を評価することである。プラス面ならば誰にも負けない自信をもっているはずだ。C類のオタク（ヲタ）型のひきこもりやニートの人は多彩な趣味や感性などの潜在能力をもっていることが多い。彼らがはまっている世界は、欧米ではジャパンクールと呼ばれ、日本食とともに一大成長産業に変化しようとする兆しが

をもつ人で、日常生活に最低限必要な社交・対人関係を避ける。

ある。その**潜在能力を引き出すことが本来の教育であり、職能教育でもある**ように思える。

6 潜在能力を引き出すニート対応プログラム

ここでは、親や周囲の大人がすべきことをプログラムにまとめておく。次章以降で詳しく説明をするが、**ニートやひきこもりの人が社会に復帰するためには、親がこれまでの価値観（学歴・大企業就職などの見栄や体裁）からまず抜け出すことが大切である。**

これまでの価値観を変えることは苦しい作業である。価値観を変えること自体、受け入れることは難しい。しかし、何よりも子どもの幸せを最優先に考えて、まずはこのことに頑張っていただきたい。そして**そのうえで、子どものニーズに合わせて一緒に考え、寄り添いながら彼らの不得手な部分を支援していかなければならないと考える**（詳しくは第一章以降参照）。

オタク（ヲタ）型ニート・ひきこもりの潜在能力を引き出すプログラム

①親は、オタクを否定的に捉えないで**肯定的**に考える。**親の価値観を押し付けず、子どもの価値観を受け入れる。**

⬅

②親は、**オタク行動に対して精神的な理解を示し**、親子関係の改善をめざす。理解を示すと、「物を買ってくれ」などの経済的な要求を出すこともあるので、物に対する要求は自分のこづかいの範囲にとどめる。**精神的な愛情が満たされると、物質的な要求は次第に減ってくるからである。**

⬅

③親は、子どもが興味を示すオタク領域の仕事が広い意味で「**食べていける道**」なのか調べたり、その内容についてよく知っている人に相談してみる。

・食べていけるのなら、どうしたら食べられるようになるのか、資格や技術が必要ならばどうしたら取得できるのかについても調べてみる。

・食べていけないとしたら、なぜ、食べていくことができないのか、才能やシステムによるものなのか子どもが納得できるまで調べてみる（**給与や労働条件は子ども一人が食べていけるだけでよい**。それより、本人にとって興味があり、生きがいにつながるかどうかを重要視することが大切だ。場合によって、最初は助手や手伝いでもかまわない）。

⬅

④本人との話し合いを行う（本人の気分や状態を見計らって、「好きな道の仕事をしていってもいいよ。何かやってみたい仕事はないの？　趣味の仕事でもいいんじゃない？」と声をかける）。

■やってはいけないこと——×

・子どもが答えを出す前に、先回りして答えを出したり、答えを誘導してはいけない。

・子どもは、仕事や人間関係に自信を喪失している。なかなか答えが出せなかったり、答えを出すことを回避しようとしても、親は焦らずに待つこと。「すぐに働きなさいと言っているのではないからね。考えておいてね。答えが見つかったら教えてね。困ったら、いつでも、相談にのるからね」と言っておく。

⬅

⑤二週間程度おいて、答えが出なかったら「このあいだの話だけど」と誘ってみる。本人に強い拒絶や拒否がない場合は、③で調べた内容について話をしてみる。

■やってはいけないこと――×

・「こうした方がよいよ」とか「こうしなさい」などの指導はもちろんのこと、仕事への誘導はしてはならない。指導や誘導をされていることを感じると、動こうとする気持ちがあっても、親の態度に反発して拒否することが多い。あくまでも、情報や資料を提供するから考えてみたらという気持ちが大切だ。

⬅

⑥情報提供にのって来たら、仕事をするとかしないとかは別にして、本人が望

めば就労相談機関や会社に話を聞きに行く。資格や技術を修得する必要があれば、勉強できる場所を尋ね、そこに様子を見に行く。

■返事が返ってこない場合——？

・働く以前の問題があることについて考えてみる。例えば、生活リズムの問題（昼夜逆転）、体調不良（自立神経失調などからくるもの、運動不足からくる低体温、低血圧、低血糖、不眠、寝過ぎ、起立性調節障害、過剰投薬による副作用など）の様々な問題などが考えられる。その場合は、解決を信頼できる医師やカウンセラーと一緒に解決を図る。

・心理的な問題（対人恐怖・被害関係念慮〈第三章＊6参照〉・視線恐怖・うつ、神経症など）の場合は、信頼できる医師や相談員と一緒に解決を図る。精神障害（統合失調症〈第一章＊5参照〉など）の場合は信頼できる病院に行く。

・それ以外に、**ネット依存の人**や**「俺の人生はどうでもいい」という刹那的な人**の場合は、本人がカウンセリングを受けるように親が勧める。それでも動かない場合は信頼できるカウンセラーと相談しながら本人の動かし方について考えていく必要がある。

その際の基本的な考え方としては、親の価値観ではなく、あくまでも子**どもの価値や考え方を優先していかないと、子どもは学校や社会に向って絶対に動いていくことはできない。**もちろん、子どもの価値を優先するといっても、**反社会的なもの**だったら認めるわけにはいかない。その際、親子の関係性をより豊かな信頼感のあるものに変化させていくためにも、コミュニケーションは重要な要素になる。子どもの意見を頭から反対するのではなく、子どもの意見を充分に聞いて「気持ちはわかるけれど、そのことについては、○○が違法行為にあたるので、親としては賛成できない」ということを子どもの理解力に応じて話すことが大切だ。

7 厚生労働省の取り組み「若者自立塾」

私達は本人や親の人達のカウンセリングを行っているが、同時にフリースクールも運営し、学校や社会参加を目指して、一人ひとりに応じたケースワーク

（問題を抱える個人や家族に対して、個別に問題解決のための支援を行うこと）も行っている。三十余年の事例で共通することは、不安や葛藤の強いE類のひきこもりの人は、「勉強をしたいという意思があるが、情緒が不安定になってしまうので、長時間集中できない」「医師によって投薬を長い間受けているが、状態は悪化し、副作用で手がふるえて勉強もできない」など、自分の問題を何とか解決したいと思って相談に来る。

E類の人は、カウンセリングを継続して行い精神的に安定してくると投薬の必要はなくなり、もともと持っていた才能がようやく開花し、自分のやりたい勉強や創造的で芸術的な活動に非凡な才能を発揮しだす人も多い。

しかし、C類の人は、不安も葛藤も少ないので、ひきこもってオタク的な生活を送っていても問題意識が低いのでカウンセリングには来ない。また、既存の価値観と合わないので、現実社会に引っ張ろうとしても上手くいかない。そこで、**C類である彼らにとって魅力のある社会参加の留学プランを含めたプログラムをつくって見せたところ、今まで全く反応を示さなかった子が興味を示しだした。**参考までに簡単にプランを紹介する。

ひきこもり・ネット依存になっている人のための韓国短期合宿[*12]

ソウル市郊外の保養所を借りきり、一〇日程度の共同生活を行い、ひきこもりやネット依存からの回復を目指す。グループワーク（問題を抱える個人や家族に対して、グループ活動を通して問題解決のための支援を行うこと）、カウンセリングの他、施設見学として、韓国映画産業、クリエイターを育成する大学、ネットゲーム製作会社などの見学が入っている。このプログラムは韓国の東南医院精神科院長呂寅仲医師を中心にした医師グループとの共同企画だ。日韓友好事業として調査・研究・治療を目的に行われる。

不登校・ひきこもりの若者達のカナダ短期・長期留学プラン

様々な民族の人が互いの民族性や文化を尊重して暮らすモザイク文化はマイペースで学習できる文化でもある。モザイク文化の町バンクーバーで、英会話を身につけるためのカナダ人を含めた様々な民族の人との文化交流や、農場体験生活などの短期生活から、現地の中学・高校・大学・建築やデザインの専門学校などへの本格的な留学プランなどを行う。

現地の教育委員会や学校の協力のもと、現地在住の日本人指導者が相談やケースワークを行う。また、メールカウンセリングによって、日本からカウンセ

＊12　**韓国短期合宿**
問い合わせ先は、NPO法人教育研究所まで。
電話番号は、〇四五―八四八―三七六一。

ラーが随時アドバイスも行う。本人の希望により寮とホームステイでの生活を選べる。

タイ・バンコク留学プラン

タイのバンコクにある「日タイランゲージセンター」の寮で生活し、タイ語日常会話のコースで学び、異文化交流を行う。現地日本人スタッフが世話をする。メールカウンセリングによって、日本からカウンセラーが随時アドバイスも行う。本人の希望により、寮とホームステイでの生活が選べる。

NPO「川越　人・街づくりプロダクション」プラン

元NHKソウル支局長、岸俊郎氏を中心に川越市・市民・大学・専門家・地域が協力して、ひきこもりやニートの若者がもつ感性をマイナスに捉えず、プラスに考え、クリエイターに育てることを目標に活動を開始する。韓国短期合宿、カナダ短期・長期留学プランとも連動できる。

厚生労働省の取り組み「若者自立塾」[*13]

二〇〇五年から厚生労働省はニート対策として、合宿形式による集団生活訓

*13　**若者自立塾**
「若者自立塾」についての問い合わせ先

練、労働体験を通じて、社会人、職業人としての必要な基本能力の獲得、労働観の醸成《じょうせい》を図るとともに、働くことについての自信と意欲を付与することによって、就労へ導くことを目的に、三か月の訓練実施を二〇の民間団体に委託して事業を開始した。「若者のキャリア形成を支援し、生き生きと目を輝かせて働く国民を育てたい」と厚生労働省キャリア形成支援室長半田有道氏は語る。

若者が生き生き働き、人生を謳歌《おうか》する国は、国も元気がよい。このような社会を目指すためにも、今後も多くの人達や企業の協力と理解と支援が必要だ。

財団法人社会生産性本部
若者自立支援センター
(http://www.jiritsu-juku.jp/)

厚生労働省委託　富士・宇奈月《うなづき》温泉「若者自立塾」

厚生労働省の委託を受け、NPO法人教育研究所が実施する。黒部渓谷《けいこく》の自然に恵まれた宇奈月温泉にある旧昭和電工の保養所を使い、体と心を癒しながら、様々な就労体験を通して、若者の自立をめざすことを目的につくられている。

三か月の共同生活を三期に分け、一期の二週間は、心と身体を癒し、生活リズムと人間関係のスキルを身につけるトレーニングを行う。二期の二週間は、様々な職場見学と職場研修を行い、希望する職種のショートジョブ(短期就労)体験を行う。三期の二か月間は、職場体験を行いながら、必要な免許や資格取得や準備を行う。

本人が希望すれば就職活動などのケースワークも行う。就労研修や職場などの斡旋《あっせん》は、協力団体の北日本タスク（株）協力による（食費と交通費は本人負担。免許などの資格取得に必要な国の補助金給付があり、寮は温泉付き、外国人研修生との交流もある）。詳しくは、教育研究所ホームページ[*14]、または同研究所では電話にて問い合わせを受け付けている。

＊14　教育研究所ホームページ
教育研究所のホームページ（http://kyoken.org/）参照。
電話番号は、〇四五-八四八-三七六一。

第一章

親と社会が生み出すニート・ひきこもり

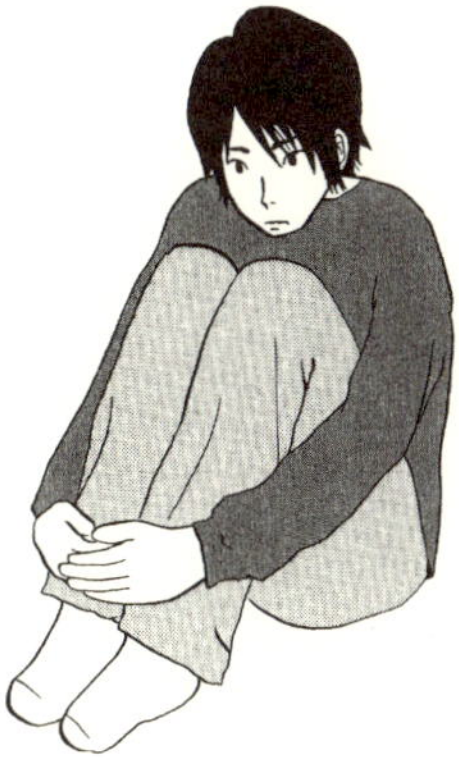

1 ニートとひきこもりの数は？

学校に行かない、あるいは、仕事に行かないで家族以外との人間関係がない人のことを**ひきこもり**と呼ぶ。最近、よく耳にするようになった**ニート**は他人との人間関係が少しはあるが、学校や仕事に行かず、職業訓練も受けない人のことをさす。ひきこもりの人の数は明確な統計はないが一説に一〇〇万人といわれ、ニートは厚生労働省調査では五二万人、内閣府二〇〇二年度調査では家事労働も含むと八五万人といわれている。

日本版ニートの原因として、不登校からひきこもって、そのままニートへと移行するケースが多い。ニートの定義は一四歳以上三四歳までが年齢枠といわれている。学校に行けない子どもが登校拒否と呼ばれ社会問題化しはじめたのは、一九七五年（昭和五〇年）である。「学校嫌い」を理由に、年間五〇日以上欠席した児童・生徒が一万人を超えた（当時の学校基本調査は年間五〇日を対象に統計をとっていた）。この時の中学生は現在四十代前半である。この世代の人々も考慮に入れると一〇〇万人以上のニートがいるのではないかと推定できる。

ニートやひきこもりは**不登校**からも高校や大学中退からも起こる。学校卒業

＊1　二次症状
不登校や出社拒否になって、ひきこもりが長くなってくると、二次的行動や症状として次のようなものがある。

■主な行動
・昼夜逆転する（生活リズムが次第に崩れていき、早朝から夕方にかけて眠り、夜中に起きていること）。
・家庭内暴力を行う（親が不用意に登校刺激をしたり、本人の劣等感や将来への不安感を刺激したりすると家庭内で起こる暴力的行動のこと）。
・母親が作った食事を拒否

後、働こうとしない就労拒否や、社会人になってから出社拒否となって現れることもある。その中には、無気力で勉強や働くことが嫌でひきこもっている人もいるが、大部分の人は人間関係などの問題を抱えて悩んでいる人だ。

「学校に行きたくても行けない」「仕事をしたくてもできない」状況を抱え、ひきこもりが長びくほど、自分の精神世界が大きくなる二次症状[*1]が現れ、学校や社会適応がさらに困難になっていく。

私達の調査では、**ひきこもってから社会に復帰できるかどうかは、三年が分岐点である**ことがわかった。（図解1）

図解1　ひきこもりの期間と社会復帰の関係（3年が分岐点）

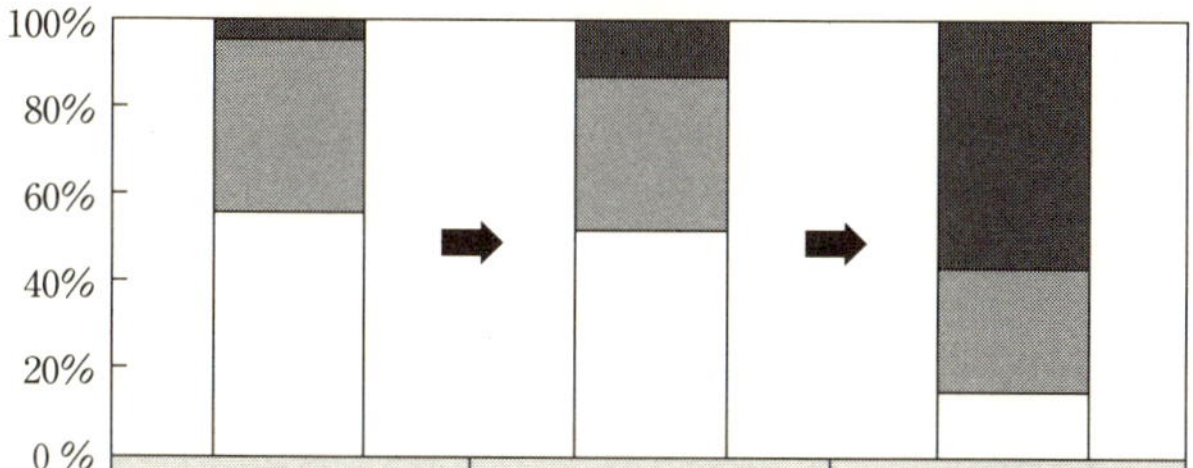

	半年以下	半年～3年	3年以上
■復帰できなかった	1人	11人	**27人**
▨復帰できた	7人	29人	13人
□完全に復帰できた	11人	44人	7人

（教育研究所SSP研究より）

する（母親に対する過度の要求を出すも叶えられないとわかると、拒否的態度をとり、母親が調理したものを食べなくなるが、既製の調理パンやお弁当は食べる）。

・風呂に長期間入らない。着替えも時々しかしない。

・部屋のカーテンや雨戸を開けなくなる。

・家族と会話をしない。姿を見せず用事がある時は壁や床を叩き、親を呼ぶ。

■主な症状

・視線恐怖（町や人が大勢いるところへ行くと、じろじろ見られているような気がする）。

・醜形恐怖（自分の容姿がおかしいのではないかと必要以上に気にする）。

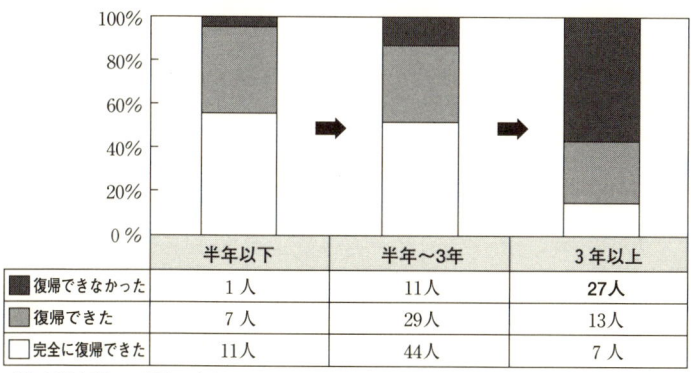

ひきこもりが三年を過ぎると対応がさらに難しくなる。**ひきこもった人の心情を捉えた早期の無理のない対応が必要になる。**具体的な対応については、第二章以降で詳しく述べる。

■ひきこもりは早期発見・早期対応

半年以内の対応がベスト。三年以内には解決を!!

＊受容的な対応（積極的な登校・出社のはたらきかけを行わず、子どもの意思を尊重する対応）だけをとると手遅れになる場合がある（第二章以降参照）。

2 人間関係のスキル不足が招くニート・ひきこもり

社会的ひきこもり[*2]（以下「ひきこもり」と表記）と関係の深い不登校（以前は登校拒否）は、一九七四年（昭和四九年）以降、二〇〇一年（平成一三年）まで、児童・生徒数、出現率とも増加傾向に歯止めがかからなかった。図解2は中学

・自己臭（自分の体から嫌な臭いがするのではないかと必要以上に気にする）。

ひきこもっている間に、自己肯定感がもてなくなり、劣等感やマイナスにとらえる感情が強くなる。これにより、対人不安や葛藤が強くなり、他人を強く意識して人に会うことを極端に恐れるようになる。このような心の状態の中で、視線恐怖などの症状が出てくる。これらの症状は、人に対する恐怖より人にどう思われているかの不安の要素が強い心理的な要因である。

＊2 **社会的ひきこもり**
社会的ひきこもりは、①六か月以上自宅にひきこもって社会参加しない状態が

校での不登校生徒数を表にしたものだが、増加の推移がよくわかる。

私が三十余年間ひきこもりをともなう不登校の子どもの支援活動を通して感じていることは、**原因の一つが人間関係のスキル[*3]不足にあるということである。**

人間関係のスキルが不足すると、**人間関係からくる様々なストレッサー（ストレスの元になるもの）**を処理できずに、必要以上にストレスを受け、健全に発散できずに身体症状[*4]や精神症状が起きて動けなくなるのである（ただし、しばらくひきこもることには、外からのストレッサーを遮断し、ストレス症状としての身体症状を改善させ、自我

図解２　中学校の不登校生徒数の推移（30日以上欠席者）

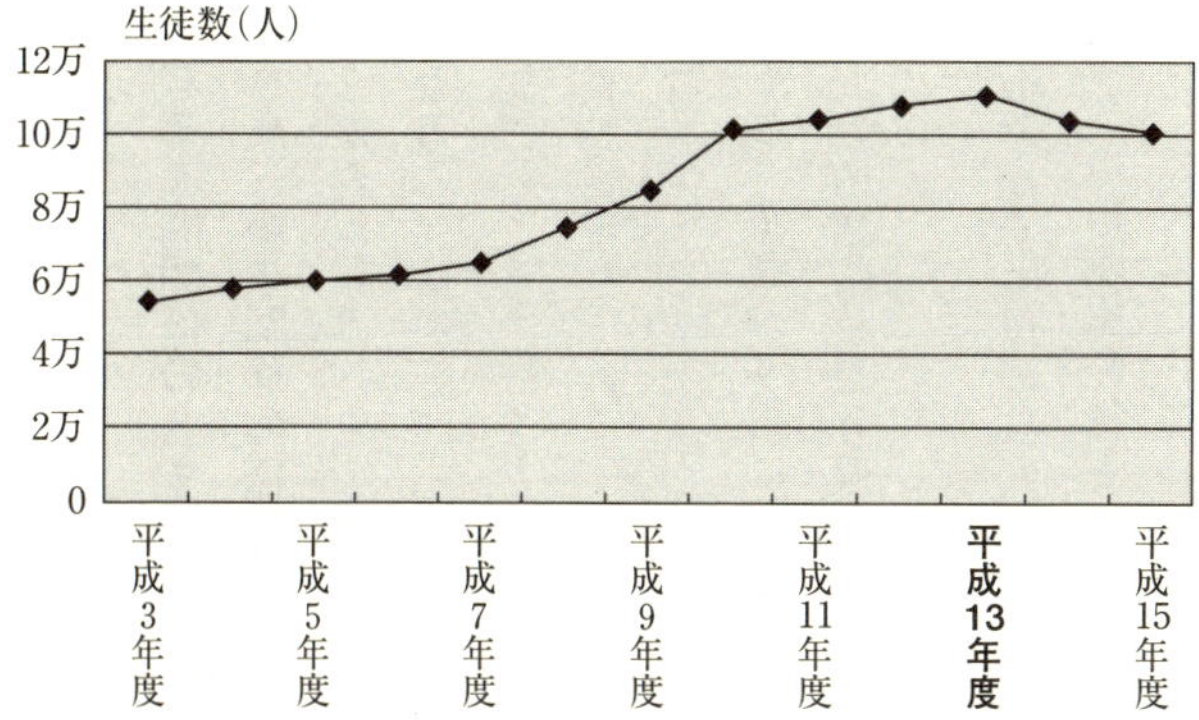

（平成16年度　文部科学省調べ〈調査対象：国・公・私立中学校〉）

継続し、②統合失調症（かつての精神分裂病。本章＊5参照）などの精神病ではないもの（厚生労働省）とされている。

＊3　人間関係のスキル
人間関係のスキルとは、人と人との関係をスムーズにしていくための技術のことをいう。人間関係のスキルの土台は幼児期の親子の信頼感を通しての情緒交流である。これが充分できていないと思春期に感じると子どもは本能的に退行現象を起こし、発達課題のやり直しを行う（退行現象については本章＊17参照）。

＊4　身体症状
ストレスからくる主な症

の崩壊を防ぎ、うつ病や統合失調症[*5]を予防する働きがあるとも考えられるので、一概にすべてのひきこもりが意味がないと考えるのはよくない）。もちろん、このことはひきこもりだけではなく、ニートにもいえることである。

ニートやひきこもりの大きな要因の一つになる人間関係のスキルは、親子の情緒交流を通して精神的な安定によってつくられ、親子関係の信頼基盤にもなる。小学生になれば、精神疾患や発達障害などがない限り、この人間関係のスキルの基本ができていれば、情緒が不安定になることはない。六歳までの親との情緒的なふれ合いの中で、親の感情は無意識に子どもにすり込まれていき、子どもの感情は様々な種類の感情に分かれ成長し安定していく。

そして、幼児期からの同世代との交流や親以外の大人（先生・保育者や隣近所の大人）との信頼感に満ちたつながりがあると、情緒がさらに安定して喜怒哀楽などの感情表現ができるようになり、他人との感情のやり取りが自然にでき、人間関係のスキルの土台を獲得していく。

さらに、この土台の上に保育園・幼稚園、小学校での複雑な人間関係にもまれ、仲のよい友達とそれほど親しくもない人との距離感や付き合い方の技術（スキル）が確実なものになっていく。そして、高学年になれば自意識の目覚めとともに、他人への意識が過剰になり異性を意識しだすといった大人へのス

状として腹痛、頭痛、発熱（三七・五分程度）、下痢、嘔吐、不眠、長時間睡眠などがある。

＊5　統合失調症
かつての精神分裂病のこと（二〇〇二年八月、日本精神神経学会によって病名を変更）。

統合失調症とはどのようなものだろうか。一般的には、アメリカ精神医学会作成『精神障害の診断と分類のための定義』（DSM—Ⅳ）による統合失調症の定義、

・感情の平板化
・著しい社会的孤立またはひきこもり
・年齢不相応な社会的未発達
・機能の顕著な障害

テップを登りはじめ思春期に入る。

その時期は理性的でありたいという自分と、欲求や欲望が強いもうひとりの自分とがあらわれる。この相容《あいい》れない矛盾した感情から葛藤が常に起こり、自分の感情がコントロールしにくい時期になる。そして、思うようにいかない自分自身にストレスを感じはじめ、理由なくイライラする日が続く。しかし、それらのことは誰にでもあり、どんな時代にもあった。

■人間関係のスキルをつけるには
思春期であれば、子どもは本能的に人間関係のスキル不足を感じ、退行現象を起こすことがある。その時に親が適切な対応をとることが大切である。詳しくは、五七ページと本章＊3参照。

3 人間関係のスキルが育たない社会状況

一九七〇年以降の三〇年あまりの間、子ども達の人間関係のスキルは育たな

・身辺の清潔とみだしなみの顕著な障害
・会話の貧困および内容の貧困
・自発性・興味・気力の著しい欠如
である。しかし、ひきこもりが長い人の場合は、これらの定義はほとんどあてはまることが多い。そこで判断の目安として、ひきこもりの人にもある「妄想」で考えてみると、統合失調症の人は「妄想」以外に、幻覚や幻聴もともなう場合が多いが、ひきこもりの人は一つの症状のみの場合が多い。

くなった。ここではその期間の社会状況についてふり返ってみよう。

経済的には七〇年代前半で高度経済成長は終わり、不登校が増えはじめた一九七四年以降は安定成長期からバブル好景気、そしてバブル経済の崩壊期でもある。経済繁栄の中、自家用車・家電製品やAV機器など物に溢《あふ》れた消費生活は豊かさの象徴で、国民の間には一億総中流意識*6が蔓延《まんえん》化していった時代だ。

産業労働構造は、第一次産業（農林水産業など）は衰退の一途をたどり、第二次産業（加工工業や建設業など）から第三次産業（商業、通信、公務、金融やサービス業）へと移り変わっていった。そして、地元の商店街は閑散とし、全国展開をする大手のスーパーマーケットが台頭していった時代である。

その影響で地縁・血縁関係が強い地域社会は衰え、行政、大企業などを中心とした、個人よりも組織や団体が力をもつ管理社会が形成されていった。

それらの影響を受けて、家族社会も大きく変化していった。大家族から核家族化（図解3）が進み、同時に少子化も進むといった家族構成の変化が現れた。少子化の中で、企業や役所で働くサラリーマン世帯が増加して、農地や土地やお店などの生産財を子どもに相続させ、家を守るといった考え方を多くの市民はしなくなった。子どもに学歴をつけるという考え方が強くなり、よい高校からよい大学、そして、大きな会社に入ることが人生の幸せという学歴神話が、

＊6　一億総中流意識
戦後の高度成長を支え、平等神話を成立させた意識のこと。

図解 3　大家族から核家族への変化

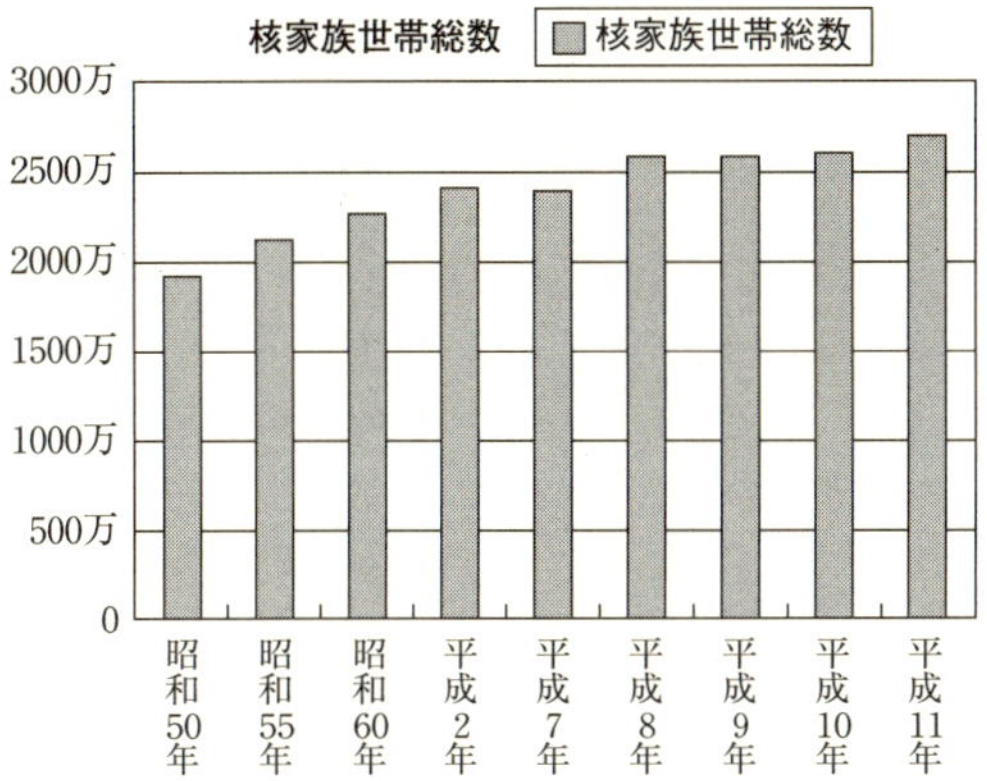

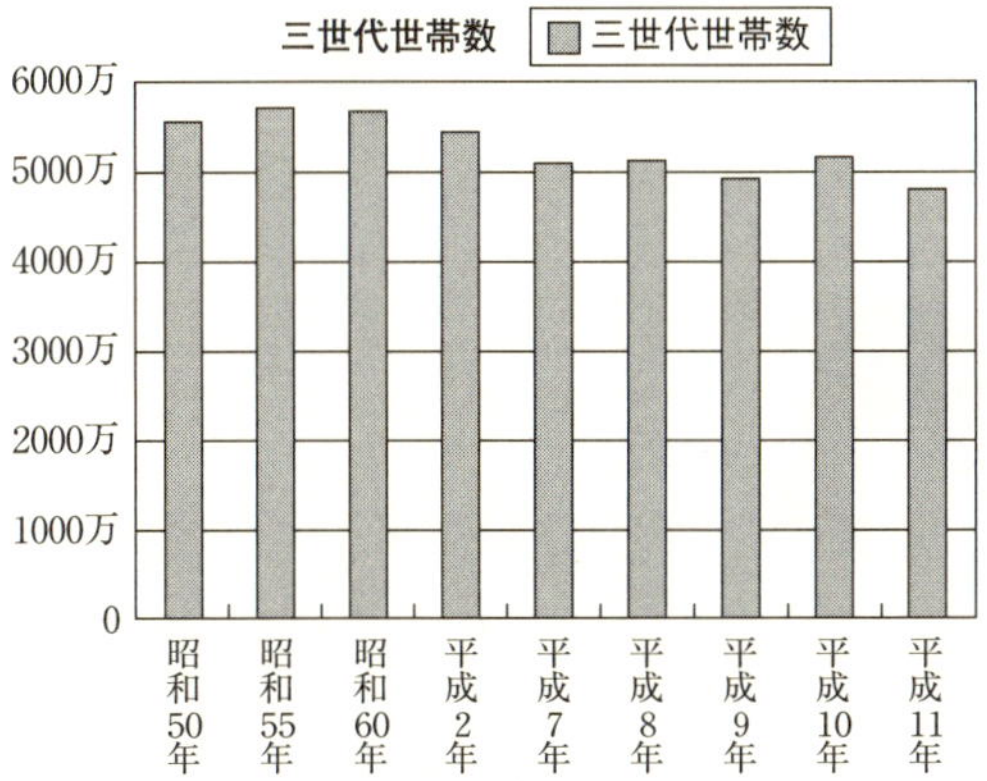

（国立社会保障・人口問題研究所資料より）

日本独特の雇用システムである年功序列・終身雇用という制度と結びつき育っていった。そして、社会の変化の中で保護者の意識や価値観にも変化が現れて、五十代の私にとっては、思わず首をかしげたくなるようなひきこもりなどの事例が最近は増えてきたのである。

4 今もなお学歴にこだわり続ける親達

川崎市内の新興住宅地に住む、高校一年生の息子をもつ母親がカウンセリングに来られた。

息子が中学二年の五月からネットゲーム[*7]にはまり込み、生活は乱れ、朝、起きられずに学校を休みはじめた。父親はネットゲームが原因だからといって、最初はゲーム機を取り上げた。息子は自分のこづかいを貯めて買ったのだから返せと言い大喧嘩となった。そこで、母親は息

＊7　**ネットゲーム**
インターネットを使う双方向性のゲームのことオンラインゲームともいう（詳しくは拙著『ネット依存の恐怖』参照）。

子の家庭内暴力が続くので、スクールカウンセラーに相談した。

「ゲームはそのうち飽きるから大丈夫です」とカウンセラーが言うのでゲーム機[*8]を息子に返した。しかし、息子は飽きることなくネットゲームをやり続けた。焦った父親は、年末になってカウンセラーのところに再び相談に行った。

「お父さん、どうして、そんなに焦るのですか?」とカウンセラーが質問するので、

「このままでは高校に行けなくなります。神奈川県は二年生の内申も入試の合否に影響するので焦っているのです」と父親は答えた。

「このまま不登校を続けても今は高校に行ける時代ですよ」とカウンセラーは答えた。

「それは通信制高校でしょう。制服を着て毎日行ける高校はないでしょう」

「ありますよ。願書を出して面接に行けば大丈夫ですよ」

「でも大学には行けないでしょ?」

「ほとんどの子どもが進学する時代ですから、先のことをそんなにご心配なさらなくてもよいのではないでしょうか」とカウンセラーは答えた。

それ以来、父親は息子が一日中、ネットゲームをやり続けても何にも言わなくなった。息子はカウンセラーと担任の進路指導にしたがって、中三の一〇月

＊8　ゲーム機
インターネットが接続可能な、プレイステーション2のこと。

にはサポート校[*9]の入学を決めて、連携先の私立単位制高校の通信科に進学した。

中学には卒業式にだけ出席して、四月からサポート校に毎日行くのかと母親は思っていたのだが、息子は初めの二週間だけ登校し、その後は通信制のスクーリングとテストのある日だけ登校した。見かねた母親は我慢できなくなって、「あなたが行っている学校の授業料は予備校並みに高いのだから学校に行って勉強しなさいよ」と言った。

「高いだけあって、サービスがいいよ。レポートは教師がやってくれるし、テストも答えを教えてくれるし、言うことないよ。最高の選択だったよ。普通の高校なんか行って、部活でも入ってみろよ。部活でしごかれ、同時に勉強しろ、なんてメチャクチャだよ。好きなこともできねぇよ。その点、あの学校は卒業すれば、連携大学があるから推薦で入れるらしいよ。七年間はいただきだよ。正解、正解だよ」と言ってネットゲームをやり続ける。

母親は息子のそんな態度に腹を立て、スクーリングのある日に起こさないでいたら、逆に父親に怒られて「スクーリングのある日は、お前が学校まで車で送り迎えしてあげろ」と言われてしまった。私はこれでいいのか、こんなことをしていたら、息子は本当に駄目になってしまうと思う。「父親は高校の単位を取って、大学を卒業すればそれでよいと言うのですが、どうしたらよいので

＊9　サポート校
通信制高校と連携関係にある塾や予備校のこと。不登校の生徒や高校中退者が増加した一九九〇年代になって全国に広がった。

しょうか？　先生教えてください」

このケースは学歴にこだわる大人社会に対しての子どもの適応の一つのあり方であるといえなくもない。何とか学歴社会の流れに子どもを乗せようとすることで、事態が余計にいびつになっているように感じるのは私だけであろうか。

企業社会はその子どもの歩んできたプロセスよりも、学歴という履歴だけで判断するものなのかと考えてしまう事例が、最近も依然として多い。

しかし、いつまでも学歴だけに引きずられてよいのだろうか。子育てにしても、学歴だけにこだわっていても意味はないはずだ。

5 家業を継ぐ子にひきこもりが少ないのはなぜか？

何年か前、冬休みに北陸地方にある半農半漁の村の民宿に泊まった。翌朝、父親は中学三年になる息子を連れて漁に出た。冬の日本海の荒波を沖に向かって進んでいく父親と息子を乗せた小船をいつまでも見守る祖母と母。

「心配ですね」と私が息子の祖母に声をかけると、頷《うなず》きながら、「息子もああやって一人前になった。子どもを一人前にするのは親の役目です。厳しく教えないと命を取られるし、家族も路頭に迷う。上手にできたら褒める。当たり前のことです」とおっしゃる。

その民宿に連泊させてもらって、家族とともに父親と息子が帰ってくるのを私も待たせてもらった。昼前に漁から戻って来た。獲れた魚の仕分け、漁具の手入れをすばやくすませ、昼食をとった後、裏山の畑に二人で行った。春野菜を植えるための準備をするのだという。一日を終え、親父さんに一杯やりませんかと誘うと、「お客さん居間に来てください」と言われ、遠慮せずに行くと彼の息子も一緒にいた。息子はお茶を飲み、我々は獲れたての魚で地酒を飲んだ。

私は息子に親父さんは厳しいかと聞いた。

「船に乗ったり、畑に行くと厳しい。でも、危険から自分を守ることを教えてくれているのだから当たり前だと思う。特に冬の日本海は油断できないから」と答える。父親は息子の話をニヤニヤしながら聞く。「何を息子さんに伝えたいですか?」と尋ねた。

「俺は、爺《じい》さんに教わったこと全部を息子に教えるつもりだ」と鴨居《かもい》の上に飾ってある遺影を見上げながら話す。よく見ると、私の話に対する相槌《あいづち》の打ち方や反応が、親子で同じだ。いくら親子でもこんなに似るものかと感心する。季節による潮の流れ方、魚種による漁法の違いや漁具や漁船の整備や操船のしかたまで教え、さらに漁協のことまで細かく手取り足取り教える。畑仕事も同じだ。

「自分のことを守れないやつは家族も守れない」と、父親は祖母が今朝言ったことと同じようなことを言う。第一次産業の人や自営業の人で子どもに家業を継がそうとするならば、皆、同じように親から子へ、子から孫へ同じことを伝え、さらに必要ならば、同業者の仲間のところへ修行に出す。学問の世界ではないが全人格教育だ。これなら親の価値観や考え方は伝わりやすい。だから、自営業者の子どもに無気力な子やニートやひきこもりの若者が少ないことも頷ける。

6 致命的ともいえる親と子どもの意識の違い

一九六〇年代までは、該当年齢に占める大学在学率は一五％以下だった。大学教育は最高学府と呼ばれ、エリートや支配階級の精神・性格の形成を目的に機能していた。ところが、一九九〇年代後半になると五〇％近くになり「マス型」[*10]教育に移行していった。そして、二〇〇一年になると、大学進学率は四九・五％になり、五〇％を越えると、ユニバーサル・アクセス型といわれる産業社会に適応しうる全国民の育成に変わる。これはアメリカのマーチン・トロウ[*11]という有名な高等教育研究者が一九七〇年代に提唱したモデルだ。不登校が増えた一九七五年から二〇〇四年までは、ちょうどエリート育成型からマスを超え、ユニバーサル・アクセス型に移行する時期だった。今や、高望みをしなければ、大学全入の時代と言われるまでになった。

親達はエリートや社会的指導者の育成という考えの大学教育を受け、社会に出ても、大卒という扱いを受けながら安定成長期からバブル好景気の波に乗り、順調に出世していく勝ち組という意識のまま、大学教育に対しても過去の幻想を抱いて、子どもの進路を考えたのかもしれない。そして、バブル崩壊後のリ

＊10 マス型
米国の大学における主専攻・副専攻のように、複数の異なる分野の学部や学科の専門科目を同時に履修できるような教育課程のこと。社会変化にともなう多様な要求や学生の多様な学習ニーズに応えうる教育プログラムである。

＊11 マーチン・トロウ
カリフォルニア大学教授。専門は高等教育。一九七〇年代に高等教育の性格変化に着眼してモデルをつくる。

ストラ社会でも有名大学卒は学閥を利用して、勝ち組であり続けたのかもしれない。そのために、バブル崩壊後も有名大学をめざして、子ども達に拍車をかけて、さらに受験戦争を過熱させていく現状があるのかもしれない。

たとえ大学へ行かなくても、マイスター制度[*12]のような職人文化が残っているヨーロッパ型社会のように、個々の能力に応じた仕事や多様な価値観がある社会のほうが、市民の最大多数の最大幸福を得やすいのではないだろうか。しかし、大企業中心の政策によって、世界的に優れた加工や部品の生産技術をもっていた中小工場や職人社会も崩壊しつつある日本の社会では、どのような進路が子ども達に残されているのか。その一方で、個人の自由が認められ平和な国である日本では、本来、多くの若者がそれぞれに夢や希望をもつことができるはずである。そんな潜在意識の中、親や教師に「勉強しなさい」と叱咤激励され、エリートや社会的指導者になるために勉強しても、誰もが身につける一般教養を身につけた人としての評価しか「大学卒」の肩書きとして扱わない社会を、親の世代よりも若者達のほうが実感として感じているのではないだろうか。

該当年齢人口に占める大学在学率一五%までをエリート型（英国や多くの西欧諸国）、一五%から五〇%までをマス型（日本、カナダ、スウェーデンなど）、五〇%以上をユニバーサル・アクセス型（アメリカ合衆国）としている。M・トロウ著『高学歴社会の大学』（東大出版会、一九七六年）参照。

＊12　マイスター制度

中世以来の伝統をもち、一九五三年から職能制度として法制化され、ドイツ産業発展に役割を果たしてきた制度。マイスターの資格を取得するには、見習いとして三年間働きながら職業学校に通い、さらに「徒弟」（Geselle）として三～五年

7 生きることに対する価値観の違い

都内に住む紀夫（仮名、一七歳、高校二年生）の父親（五〇歳）は高校を卒業して、食品会社に就職し営業マンをしていた。営業マンとしてはそれなりの営業成績をあげたが、高卒のために管理職には就けず、中年になって倉庫管理の仕事にまわされた。やはり、日本の社会ではサラリーマンは一流大学の生え抜きでないと、出世はできないと日頃から感じていた。子どもの頃は学校の成績もよく、まじめだったので、大学に進学したかったが、兄弟も多く地方の兼業農家では経済的に無理があったので諦めた。食品会社に就職後、夜間大学に入学したが営業の仕事は夜まで続くことが多く、授業に行けず、やむを得ず中途退学した。

一人息子の紀夫には学歴で苦労をさせたくはなかったので、小学校から塾に行かせた。中学受験は失敗したものの高校では都立の進学校に合格した。しかし、紀夫は高校一年の正月明け、身体の不調を訴えて学校に行かなくなった。大学病院で色々な検査を行ったが問題はなかった。学校から診断書を求められた時に、医師は「診断名を特に付けることはできませんが、軽うつとしておき

間の研修を積んだうえで試験に合格する必要があった。しかしながら、時代の要請によって二〇〇三年五月に、マイスター制度の見直しを盛り込んだ手工業法（Gesetz zur Ordnung des Handwerks）の改正が行われた。

ましょう」と言った。提出したその医師の診断書のおかげで、一年次の単位は取得できて二年に進級したが、不登校は続いた。

父親は心配のあまり、紀夫の気持ちを聞こうと休みの前日は一晩中〝学校で何かあったのか？〟〝勉強がわからないのか？〟〝友達と上手くいかないのか？〟などを聞きだすために話をしたが、紀夫はウンともスンとも言わなかった。業を煮やした父親は「明日は学校に行け」から始まり「ひきこもって部屋でゲームしたり、漫画本ばかり読んでいる怠け者は出て行け」とまで言い、親子関係を悪化させてしまった。それ以来、父親とはもちろんのこと、母親とも必要なこと以外は口を利かなくなった。

自室にこもり、昼夜逆転の生活をし、起きている時はパソコンに向かい物音をほとんど立てずに生活し、母親が食事の声をかけても父親がいる時は出て来ない。そして、思い出したかのように時々外に出かける。どこに行くのかはわからない。

初夏を向かえたある日、母親はパート先のスーパーを早退し、紀夫の好物である揚げたてのとんかつを買って帰った。午後の三時を過ぎていたが、「お母さんもお昼はまだだから、とんかつ買ってきたから一緒に食べましょう。温かいわよ」と声をかけた。ワカメ、豆腐、ネギの入った味噌汁、千切りキャベツ、炊きたての御飯を用意していた。起きたばかりの紀夫は食事をしに来た。親子そろっての久しぶりのおいしい食事。デザートにフルーツとコーヒーもあった。父親は夜遅くならないと帰宅しない。のんびり過ごした。母にとっては紀夫が小学生の時に戻ったような幸せな時間だった。しばらくすると紀夫が話しはじめた。

「お母さん、僕は高校にはもう戻らない。学校で何かがあったわけではない。友達にも先生方にも、むしろ恵まれたと思っている。でも、もう、学校に行っても意味がないというか……。高校に行って、受験勉強を本格的にやって、お父さんの希望どおり一流大学に入り、大きな会社に入っても何の意味もないというか、そんな人生をやっても幸せになると思えない。そして、お父さんの時代と違って、たとえその流れにのって勝ち抜いた人でも、これからの時代はそんな人生がいつまでも約束されていないと思う。でも、そんな流れから降りるのではない。人を競わせ勉強させ、会社でもお金儲けのために人を欺《あざむ》いたり、騙《だま》したりする社会は間違っていると思う。僕は生意気なようだけれど、自然環境に優しくエネルギーを最小限度の使用にとどめたエコライフをしながら生きたいと思っている。具体的にはどう生きていけばよいのかまだわからないから、インターネットを使って調べたり、エコライフについての勉強会にも参加している。だから、高校をやめる。やめても働かない」と言う。

「人が生きていくのにお金もたくさんかかるのよ。どうやって食べていくの?」と母親は尋ねた。

「なるべく長く家で生活させてもらって、家を出て行かなくてはならなくなったら、家を出るけれど、働くのは最低限のバイトだけをして暮らす」

「家賃とかはどうするの?」

「一番安い所、例えば、過疎地の田舎に行けば、古い家ならば、いくらでもあまっている。相当安いみたいだよ。そこで農家の手伝いとか、道路工事や清掃の仕事を最低限やって、後はエコライフをして、自分の好きなことをして生きるよ。皆がそのような暮らしをすれば、地球環境も守れるし、過労死もなく、ストレスでおかしくなることもないから、平和な社会になると思うよ。世の中が間違っている。間違った学校や社会には戻りたくないよ」と紀夫は言う。

「お父さんに話したら?」

「価値観が違う人と話しても、無駄なエネルギーを使うだけだよ」


言葉を失った母親が慌ててカウンセリングに来られた。

アメリカの大学教育がエリート育成からユニバーサル・アクセス型に変わる

までに何十年もの歳月がかかった。そして、その歳月にあわせて大学教育に対する市民意識も変わり社会構造も変化していった。しかし、日本ではその変化が急速に起きてしまった。**そのため親の世代は依然としてエリート育成の学歴偏重に固執している。その矛盾がひきこもりや不登校という形で、社会的弱者の子どもや若者達に社会的歪《ゆが》みとして現れたのではないかと考えられる。**

8 時代錯誤の要求に苦しむ若者達

バブル経済崩壊以降の不景気や人件費抑制のために、中国や韓国、東南アジアに工場が移転し、産業の空洞化が起きたことも原因するが、大学を出ても就職先が見つからず、たとえ見つかっても派遣社員だったりと若者達は大変苦労している。親達は一九六〇年代の意識のまま、エリートや社会の指導者層になることで人生の勝ち組に入れると考え、友達との育ち合いより学歴を優先し、塾・勉強・成績・内申を子ども達に言い続け、それが子どもに対する愛情と考えてきたのではないだろうか。ところが子ども達の方は大学を卒業しても、大卒なんて山のようにいるし、それだけでは就職もままならない。自分はどうしたらよいかわからないし、勉強ばかり詰め込まれてきて、現実社会で生きるという生活体験が少ない場合は、自分がどんな仕事に向いているのかさえわからない。そんな中途半端な気持ちや考えで働いて仕事上の責任が生じたらどうしよう、と考えていくうちに無気力になっていく。

企業にとってもグローバルスタンダード社会に進みつつある今日では、語学力がなく、論理的な思考が苦手で人間関係力の弱い日本の若者を一人雇うよりも、英語と日本語が使える中国人の若者を二人雇った方が経営効率上よいと考えるようになってきている。

学歴偏重という二五年前の価値基準で考える親と、子ども達との間には、大きなギャップが横たわっている。今の親達は時代の変化にとり残されているといえよう。

親の価値観が二五年前の価値基準である学歴偏重という形式に偏っているために、親の大人としてのメッセージが子どもに伝わらずに、思春期から大人へと成長していく中で何を大人のモデルにしたらよいかわからず、子どものままでいようとする無気力な若者やニート、ひきこもりの子どもがたくさんいるのでは困る。

■学歴、大企業への就職について

学歴信仰の中で育った世代の親の気持ちもわかるが、学歴社会・年功序列が崩壊を見せている現在、子どもに高学歴や大企業への就職を求めることはやめるべきではないか。

＊親の時代錯誤の要求が原因で、子どもはひきこもりやニートになる場合がある。

9 増えたのではなく、増やした可能性がある

一九九六年（平成八年）から一九九八年（平成一〇年）までの三年間の不登校児童・生徒の数は、前年比で平均して二桁以上の伸び率が続いている（図解4）。小学生で六五一九名、中学生で二万六八二二名も増加している。なぜこの時期に急激に増えたのだろうか。

一九九二年[*13]（平成四年）に文部省（現文部科学省）は特定の家族や子どもに不登校（登校拒否）は起こるとしていた従来の方針を一八〇度変え、どの子にも

＊13　**一九九二年～学校にも要因があるとした**
「登校拒否（不登校）問題について―児童・生徒の『心の居場所』づくりを目指して―学校不適応対策調査研究協力者会議報告」（平成四年三月文部省初等中等教育局）。
登校拒否問題への対応の基本的視点として、
①登校拒否はどの子にも起こりうるものである、と登校拒否をとらえていくことが必要である。
②いじめや孤立など友人関係の中で起こる子ども同士の葛藤、学業の不振、児童・生徒の教師に対する不信感など、学校生活上の問題が起因して登校拒否になってしまう場合

起こりうるとし、学校にも要因があるとした。そして、義務教育課程での進級や卒業を弾力化し、適応指導教室[14]（現教育支援センター）をつくり、スクールカウンセラー[15]の配置を始めるといった総合的な不登校対策を打ち出した。しかし、行政が対策をとっても学校現場に浸透するまでには時間がかかる。

「子どもの心の居場所づくり」「小さなこころの変化を見逃さずに」という言葉のもと、学校現場では「教師がかかわることで状態像が悪化すると困る」というおよび腰の対応が多くなった。また、登校を促す指導的な対応（登校刺激型対応）から、放っておくか不登校対応教諭や生徒指導教諭・スクールカウンセラーに対応を任せっぱなしにするという誤った受容的対応[16]へと一人歩きしだした。そして、不登校の臨床経験の少ない多くのスクールカ

図解4　平成8年度から平成10年度での不登校の伸び率

区分	小学校			中学校			不登校児童生徒数の合計（人）
	（A）全児童数（人）	（B）不登校児童数（人）	**不登校児童数の増減率（％）**	（A）全生徒数（人）	（B）不登校児童数（人）	**不登校児童数の増減率（％）**	
8年度	8,105,629	19,498	**＋17.7**	4,527,400	74,853	**＋15.1**	94,351
9年度	7,855,387	20,765	**＋ 6.5**	4,481,480	84,701	**＋13.2**	105,466
10年度	7,663,533	26,017	**＋25.3**	4,380,604	101,675	**＋20.0**	127,692

不登校児童生徒（30日以上欠席者）数の推移

がしばしばみられることに留意する必要がある。
③学校、家庭、関係機関、本人の努力によって、登校拒否問題はかなりの部分を改善ないし解決することができる。
④子どもの自立を促し、学校生活への適応を図るために多様な方法が検討される必要がある。
⑤子どもの好ましい変化は、たとえ小さなことであってもこれを自立のプロセスとしてありのままに受け止め、積極的に評価すること。

としている。

ウンセラーは、不登校がはじまった子どもに対して一様に「少し様子を見守ってあげましょう」「子どもの心にエネルギーがたまり動きはじめるまで待ちましょう」とアドバイスした。そのせいで、今までは不登校にならなかったようなタイプの子ども（情緒的には問題ないが対人関係に消極的な子ども）までが、学校でちょっと嫌なことがあって休んでも一様に同じような対応を受けたため、そのままズルズル休みはじめて本格的な不登校になるケースが現れた。

さらに、ひきこもりの期間が長い子どもや退行現象[*17]がひどい子どもに対して、医療機関を紹介する対応を始めた。人間本来の生理的な要求の退行に対し、医師による投薬の結果、子どもの他人に対する不信感はますます強くなり、母親に対しても退行もしなくなり、自分の部屋にひきこもって、親の前に姿を見せなくなるといった状態像の悪化が起こりはじめた。そのような対応や治療のまずさから、本格的なひきこもりになった子どもの事例が、私の相談室でも増えていった。

■子どもが退行した時は……

子どもが退行現象を起こした時は、母親は退行した年齢に応じて対応するのが望ましい（詳細は次ページ参照）。

***14　適応指導教室（現教育支援センター）**
学校以外の場所に不登校（登校拒否）の児童・生徒を集めて、学校生活への復帰を支援していくための教室のことをいう。二〇〇三年（平成一五年）からは「教育支援センター」に名称が変わったところもある。

***15　スクールカウンセラー**
一九九二年（平成四年）以降全国の小中学校にスクールカウンセラー（臨床心理士）を配置している。

***16　受容的対応**
積極的な登校・出社のはたらきかけを行わず、子どもの意志を尊重する対応をいう。

子どもの退行現象への対応のしかた

■子どもへの対応の注意

子どもが求めてきた時は応じてあげる。子どもに幼さを感じることがあっても、退行年齢に戻って対応する必要がある。子どもが心の不足部分を補っているのだと考え、現在の子どもの年齢を気にせずに、退行年齢に応じた付き合いをすることが大切だ。

それも、義務感ではなく母親も、**もう一度子育てを楽しむ余裕**があれば、子どもは母親の心の中にある感情を読み取り、その感覚を自分の感情としてすり込んでいく。

■母親がやってはいけないこと——×

・子どもの求めに応じない。
・子どもの求めに応じても、母親の都合でたびたび中断行為をする。
・退行中に、母親の一方的な都合で途中放棄をする。
・母親自身のストレス発散として、子どもに対する「いじわる」「嫌

＊17 **退行現象**
幼児戻りとも、幼児がえりともいう。思春期の子どもならば、どの子どもにも起こるが、ひきこもり傾向の不登校の子どもの場合は「見捨てられ不安」を解消するためや、自分が感覚的におかしいのではないかということを確認するために生理的に起こす。一次成長（〇歳から六歳くらいまで）の発達課題のやり直しともいえる。

がらせ」「裏切り」「嘘」などの行為をする。
・強い嫉妬心を起こさせるような様々な行為をする。
・母親のほうから母親自身の寂しさを埋めるために子どもを精神的に求める。

■母親がやるべきこと――○
・子どもの求めに応じて対応する。
・母親の中にある様々な感情を押し殺さずに、子どもと共感できるように出す。
・母親の態度と感情が分離しないように、一体感をもって自然にあらわす。
・理屈よりも感情で表現する（拙著『ひきこもり／不登校の処方箋 増補版』オクムラ書店、参照）。

状態像の悪化した子どもの投薬内容を調べると、統合失調症の人達と同じ薬であった。そこで、投薬を行った大学病院の若い医師に尋ねたところ、「統合[*18]

＊18 統合失調症は一〇〇人に一人の割合
不登校やひきこもりのカ

失調症は一〇〇人に一人の割合で発症するから、不登校はその予兆として捉え、初期発見・早期対応が望ましい」という返事がきたので驚いてしまった。処方薬はリバウンド[*19]があるので、薬を勝手にやめるわけにもいかず、そのままひきこもりの状態が改善されないままに薬の量だけが増え、二〇歳をむかえた子どもも数多くいる。この子達の将来はどうなっていくのだろうか。

たまたま、こちらのアドバイスを受け入れ、こちらが紹介した他の専門の医療機関で徐々に薬を少なくしていき、ひきこもりから脱出し社会や学校に復帰した子もいるが、今時、安直に不登校の子どもを精神疾患にしたり、統合失調症の予兆と判断したりする医師や大学病院があるのかと驚いてしまう。

■医療機関に行く時の注意

きちんとした診断もせず統合失調症の薬を投薬する医師も存在するので、複数の医療機関で診断してもらうなどの注意が必要。

二〇〇三年（平成一五年）三月に文部科学省は一〇年ぶりに新しい不登校対策を出した。基本的には平成四年度の方針と変わらないが、受容的な対応のみではなく家庭訪問を行うなど子どもの状態に応じた対応の必要性を説いている。

ウンセリングを三十余年行っているが、発病率のデータはないものの、経験上子どもも一般人と変わらない感じがする。

＊19 （薬の）リバウンド
向精神薬（メジャートランキライザー）は長い間服用した後、急に服用を中止するとリバウンド（反跳）が起こる。薬の突然の中止によって抑制系の神経の働きが急に弱まり、今まで抑制されていた興奮・緊張系の反発が強まり、強い不安感や不眠・ふるえなどの症状があらわれる。

しかし、ひきこもりの子どものタイプや状態像を見極めるにはそれなりの知識や経験が必要である。

そして、不登校の範疇《はんちゅう》の中には従来のタイプ以外に、ＬＤやＡＤＨＤなどの軽度発達障害やアスペルガーなどの高機能自閉症が含まれるようになった。さらに、大阪の岸和田市で起きた虐待事件をきっかけに虐待から登校できない子どもまで含まれるようになった。今や不登校は学校を主な理由なく年間三〇日以上休んだ状態像に過ぎないという考え方になってきているが、その中には多くの今日的な問題が含まれている。

不登校は何らかの予兆であり、子ども達一人ひとりに応じた分析と対応を図っていかなければならない。

第二章

急増!!　これまでの対応が通用しない人達

1 受容的対応という落とし穴

本章では、不登校の児童・生徒について主にふれているが、「登校／不登校」を「社会参加／社会参加の拒否」と置きかえて読み進めていけば、ニートやひきこもりの人にも大部分を適用できるであろう。

不登校の数は一九九五年（平成七年）から一九九八年（平成一〇年）までの四年間で四万六一〇一人も増加した。当時、どうしてこんなに増加したのか不思議に感じ、研究所にある心理検査[*1]と行動調査[*2]を使って調査研究をしてみた。

仮説として、「不登校の児童・生徒は病気ではないが、不登校に対する社会の認識や対応に変化が生じると、子どもの心理にも影響が及ぶのではないか」というものだった。不登校に対しての社会の認識や対応が、**「登校刺激型対応」**（積極的に登校するようにはたらきかける対応）から**「受容的対応」**（積極的な登校のはたらきかけを行わず、子どもの意思を尊重する対応）に変化した一九九二年（平成四年）に出された文部省報告を軸として、私の研究所に過去に通って来たひきこもり傾向で精神疾患をともなわない一五〇名を母集団とし、三つのグループ（世代）に分けた（図解1）。

＊1　心理検査

田研式不安要因の検査のこと。正式には、田研式・不安要因GAT検査という。子どもがどのような因子に不安があるのかを調べる。因子として、学習不安・対人不安・孤独傾向・自罰傾向・過敏傾向・身体的徴候・恐怖傾向・衝動傾向の八つの因子がある。

不登校の子どもは全国平

図解1　不登校の児童・生徒の三つの世代

・平成四年には一八歳以上になっていた人　→「登校刺激期」
・平成四年に一三歳～一七歳の人　→「過渡期」
・平成四年に一二歳未満の人　→「受容期」

図解2　3つの世代における心の不安の比較

不安の種類	登校刺激期	過渡期	受容期
学習不安	0.3001	0.3134	0.3008
対人不安	0.4848	0.5162	0.4604
孤独傾向	0.265	0.254	0.3136
自罰傾向	0.4552	0.3369	0.265
過敏傾向	0.4056	0.412	0.3899
身体的徴候	0.1908	0.3712	0.4401
恐怖傾向	0.4147	0.2687	0.2681
衝動傾向	0.156	0.278	0.3335

⬇

不安の順位	登校刺激期	過渡期	受容期
1	**対人不安**	**対人不安**	**対人不安**
2	**自罰傾向**	過敏傾向	身体的徴候
3	恐怖傾向	身体的徴候	過敏傾向
4	過敏傾向	**自罰傾向**	衝動傾向
5	学習不安	学習不安	孤独傾向
6	孤独傾向	衝動傾向	学習不安
7	身体的徴候	恐怖傾向	恐怖傾向
8	衝動傾向	孤独傾向	**自罰傾向**

（教育研究所SSP研究より）

均と比較して、全般的に不安傾向が強く、それぞれの因子が相互作用して、不安が強まっていくことが確認できた。
　その点、全国平均値では一つの因子が高くなっても、因子間の相互作用が少ないので、他の因子で不安を弱めるはたらきがあると考えられる（教育研究所調査研究「不登校児童・生徒の適応指導総合委託の調査研究報告」文部科学省、平成一三年三月報告書より）。

＊2　行動調査
　不登校でひきこもりの際の、①気持ち（思い）、②身体と心の状態、③学習（勉強）への思いなどの三つの観点から、二八項目の

図解1の三つの世代に分類して、各グループの心の不安を田研式不安要因の検査（本章＊1参照）を主成分分析[*3]によって分析をした。その結果が図解2だ。

これを見ると、**対人不安が強く、人間関係で傷つき、ひきこもりの不登校になっていることが各世代で共通していることがわかる。**

登校刺激型対応を行っていた「登校刺激期」（一九八九年〈平成元年〉）以前は、登校拒否（不登校）になる子どもの数が少なく、当時、文部省では、登校拒否（不登校）は特別な児童や家庭に起こるとしていた。

そして、登校拒否（不登校）になると学校によっては、出席日数の不足を理由に進級や卒業ができずに原級留め置きの処分を受け、二度目の中学三年次に義務教育の就学年齢の一五歳を過ぎてしまうと、除籍になるというケースもかなりあった。だから、当時は子どもの将来を考える熱心な親や教師であればあるほど、登校刺激型対応をとっていた。

多くの子ども達は「皆、学校に行っているのに、行けない自分は駄目な奴」と思い込む自罰傾向が強くなり、学校社会から取り除かれるという恐怖感も強かったことがわかる。そのために、状態像が悪化し長期に渡ってひきこもりになる子どもが多かったことも理解できる。学校適応ができなかった子どもは三六・〇％だ（図解3）。当時、文部省が、このような状態の子ども達を学校不

質問について調べたもの。

＊3　主成分分析
相関関係にあるいくつかの要因を合成し（圧縮）いくつかの成分にして、その総合力や特性を求める方法。

図解 3　学校適応と各世代の比率

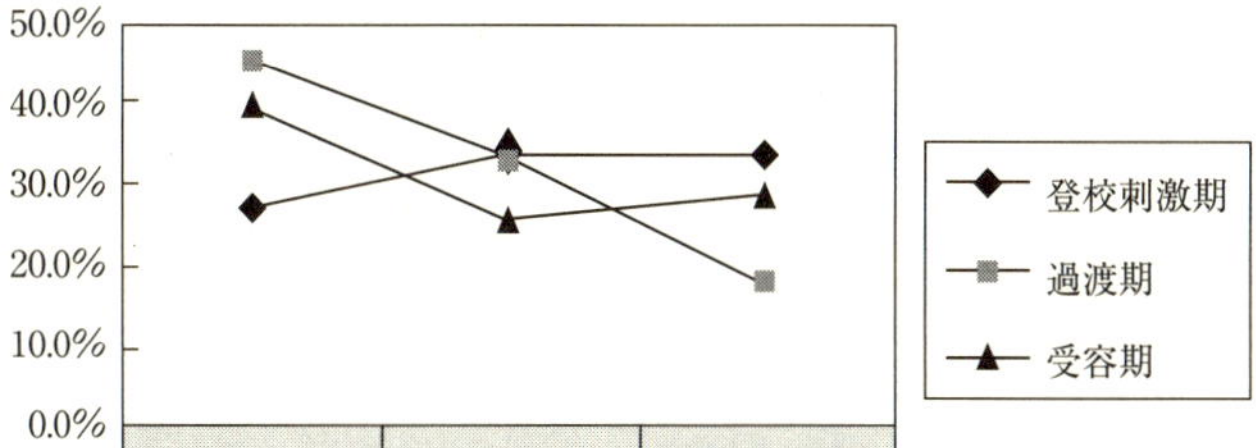

	完全にできた	できた	できなかった
登校刺激期	28.0%	36.0%	36.0%
過渡期	**45.9%**	**35.1%**	**18.9%**
受容期	41.1%	27.4%	31.3%

学校適応と各世代の比率

学校適応	完全にできた	できた	できなかった	総計
登校刺激期〔人数〕	7	9	9	25
%	28.0%	36.0%	36.0%	
過渡期〔人数〕	**34**	**26**	**14**	**74**
%	**45.9%**	**35.1%**	**18.9%**	
受容期〔人数〕	21	14	16	51
%	41.1%	27.4%	31.3%	

（教育研究所SSP研究より）

適応対策調査研究協力者会議で分析し、「どの子にも起こり得る」「子どもの気持ちを充分に受け止めて」へと対応を変化させて、教育的配慮によって進級や卒業問題について緩和したことは納得ができる。

登校刺激型対応から受容的対応に変化する過程にあたる、一九九〇年から一九九四年に中学時代を過ごした「過渡期」の人達は、ひきこもりの期間が一番短く、三年以上ひきこもっていた人は二〇・二％しかいない。また、学校適応ができなかった人達も一八・九％と低いことがわかる（図解3）。これはどういう理由からだろうか。

当時、例えば、学校では進級や卒業問題を抱える管理職や学年主任は、不登校についての新しい対応が過渡期であり、教育委員会や周りの学校の様子を見ながら対応したので、従来通りの「登校刺激型対応」をとっていた。

しかし、養護教諭や新しく配置されたスクールカウンセラーは「受容的な対応」をとっていた。家庭でも、子どもの様子がわからない父親は依然として「登校刺激型対応」をし、母親は登校刺激をしても状態がよくならないし、家庭内暴力も怖いので「受容的対応」をしていた時期だ。不安要因の検査でも、自罰傾向や恐怖傾向が下がってきたことがわかる。

不登校の子ども達にとっても、「自分の気持ちをわかってくれる先生やカウンセラーがいる」「母親は登校刺激をしないで自分の気持ちや思いを聞いてくれるようになった」と思える検査結果だ。

しかし、一九九五年以降になると、義務教育課程では進級・卒業問題はなくなり、少子化の影響で子どもの数が減少、高校受験の壁も低くなったこととサポート校[*4]ができたこともあり、卒業後の進路問題は大きな問題ではなくなってきた。

その結果、「登校刺激型対応」をする先生はいなくなり、「もう少し様子を見ましょう」「心にエネルギーが溜まるまで待ってあげましょう」という対応が一般化して、「学校に行かなくては」という圧力が低下したのではないかと考えられる。一九九五年（平成七年）から一九九八年（平成一〇年）までの四年間で、全体の児童・生徒数は少子化の影響を受けて減少しているのにもかかわらず、四万六〇〇〇人も不登校児童・生徒数は増加し、不登校の大衆化が始まった。

子どもたちの不登校が長期化し、生活リズムの乱れから、昼夜逆転・不規則な食生活・運動不足による体力低下が進み、身体的徴候が現れた。

心理的には不登校の大衆化とともに、「学校を休んでいるのは自分だけではない」「自分と同じような生活をしている子もクラスに何人かいる」という気

＊4　サポート校
私立の通信制高校とタイアップした塾のこと。

持ちが強くなり、責められると、私だけではないと他罰的になったり、無気力になったり、何となくイライラする衝動傾向が強くなってくる。

そして、再び、ひきこもり状態が三年以上の子ども達が四一・二%と多くなり、学校適応ができなかった子どもは三一・三%になった。

一つの結論として、子どもの心の状態に応じて、登校刺激や受容的対応のどちらにも偏らずに、学校や親、カウンセラーが協力して役割を分担することが重要であるといえる。

子どもの心の不安や自信のなさを受けとめ、小さな成功を褒め、自己肯定感を強めて本物の自信をつけていく受容的対応。そして、本人の実行できる範囲で勉強や仕事の示唆を行う登校刺激（仕事刺激）的な対応。この両者をバランスよく用いることが効果的なのである。

このように社会環境の変化や理解や対応のしかたによって、不登校になった子どもの不安の質や行動にも、大きな変化が現れることが次第にわかってきた。

環境が変化すると、それに合わせて進化したり、退化したりするのは生物界の生命の偉大さなどと、大げさなことは言えないが不登校の子ども達にも変化が見られることは確かだ。

2 急増するC類の人達

これらのことをデータ化し明らかにしようと、ＹＧ検査のデータを調べてみた。

ＹＧ検査は希望の章（一四ページ参照）でも紹介したが、人のタイプをおおまかに、**Ａ・Ｂ・Ｃ・Ｄ・Ｅ類**の五つに分ける性格検査である。Ｃ・Ｅ類は社会的内向（対人関係に消極的でひき気味）の人であり、これに対し、Ｂ・Ｄ類は社会的外向（対人関係に積極的）の人である。Ａ類は、Ｃ・Ｅ類やＢ・Ｄ類のいずれの要素ももっている人と考えられる。詳しくは左の通りである。

Ａ類…情緒は安定でも不安定でもない。行動面は社会的内向・外向両面において偏りが目立たない平凡な人が多い。

Ｂ類…情緒は不安定。行動面では活動的、社会的外向である。自己抑制力が欠けると非行などの反社会的行動を起こしやすい。

Ｃ類…情緒は安定でも不安定でもない。行動面では消極的、社会的内向の人が多い。

D類…情緒は安定している。行動面では活動的、社会的外向的な人である。リーダータイプの人が多い。

E類…情緒は不安定。行動面では消極的、社会的内向の人が多い。ひきこもりをともなう不登校の人はこのタイプが多い。

このYG検査の結果、以前ならば、**何となく人の後について行くタイプで、学校生活では特に問題を起こすこともない、どちらかと言うと目立たないC類**[*5]**の子どもがYG検査の結果、急増していることがわかった**（**図解4**）。

C類の子どもは、ちょっとしたきっかけで、学校を休みはじめ、現在一般に行われている「様子を見るだけの対応」（受容的対応）をとると、本来の引っ込み思案の性格が出てそのまま不登校になる。情緒的にはあまり問題はないが、性格的にいったんひきこもって生活を始めるとますます引っ込み思案になってしまうので、短期間では復学や社会復帰が難しいようだ（これまでの不登校やひきこもりは、E類の子が多かった）。

C類の特徴としては不安が強くなったり葛藤が起きたりせずに、ズルズルと休みが続く。さらに、登校刺激を行わず、様子を見るだけで関わらないといった誤った受容的対応が続くと、二年、三年と長期化していくことが他のタイプ

＊5　C類
C類かE類かを見分けるための簡易判定法については第三章九三ページを参照。

図解 4　世代分類によるＹＧ検査での各類の発生率

人(%)	A類	B類	**C類**	D類	E類
過渡期	17(25%)	12(18%)	**8 (12%)**	10(15%)	20(30%)
受容期	10(21%)	4 (8.5%)	**13(27.6%)**	4 (8.5%)	16(34%)

ひきこもり、不登校児童・生徒の各世代における各類の発生率

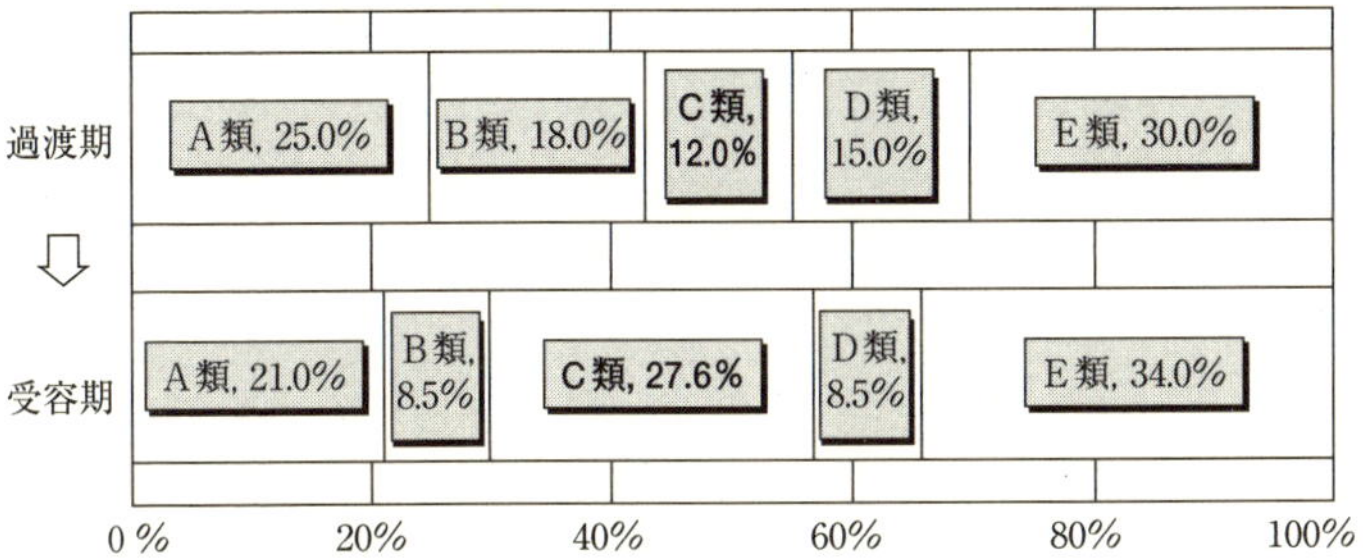

（教育研究所SSP研究より）

図解 5　ひきこもりの期間と各類（全体）

人(%)	半年以下	半年～3年	3年以上	計
A類	8 (30.8%)	15 (57.7%)	3 (11.5%)	26
B類	2 (11.8%)	12 (70.6%)	3 (17.6%)	17
C類	**1 (5.0%)**	**11 (55.0%)**	**8 (40.0%)**	20
D類	3 (17.6%)	9 (53.0%)	5 (29.4%)	17
E類	4 (11.8%)	19 (55.9%)	11 (32.3%)	34
計	18 (15.8%)	66 (57.9%)	30 (26.3%)	114

（教育研究所SSP研究より）

に比べて多いようだ（図解5）。

自分にとって必要な漫画雑誌などは自由に買い物に出るなど、完全なひきこもりではないが、休みが長期化するので、学校適応率もよくない（図解6）。

C類の人の多くは学校や家庭で大きな問題があったわけではなく、情緒的にも問題がない子ども達だ。今、このC類の子どもの不登校が急増しており、しかも、長期に渡って不登校を続けている。原因は明確ではないが、強いて言うならば「内向的な性格」だ。しかし、そんな性格の子どもはたくさんいるのに、と、ますます、首をひねってしまう。また、従来不登校・ひきこもりで多かったE類の子が、心の問題が改善され情緒が安定してきた後にC類に移行してしまう例もある。

ひと昔前にもこういうタイプの子どもはいたが、進級・卒業・進路の問題があり、親も先生も登校刺激を行ったので、「長いものには巻かれろ」で学校には通っていた。

昔、よくいわれた怠学傾向の子どものように積極的に町に遊びに行くわけでもなく、家でじっとして退屈して過ごしているこのような**「何となく不登校」の子ども達の心情に、ぴったり当てはまった遊びが、テレビゲームやインターネットだったのではないだろうか**。

図解 6　YG検査性格分類と学校適応クロス表

人(%)	完全にできた・できた	できなかった	計
A類	25(83.3%)	5 (16.6%)	30
B類	14(82.3%)	3 (17.6%)	17
C類	**15(71.4%)**	**6 (28.5%)**	**21**
D類	17(94.4%)	1 (5.5%)	18
E類	24(64.8%)	13(35.1%)	37
計	95	28	123

性格分類と学校適応クロス表

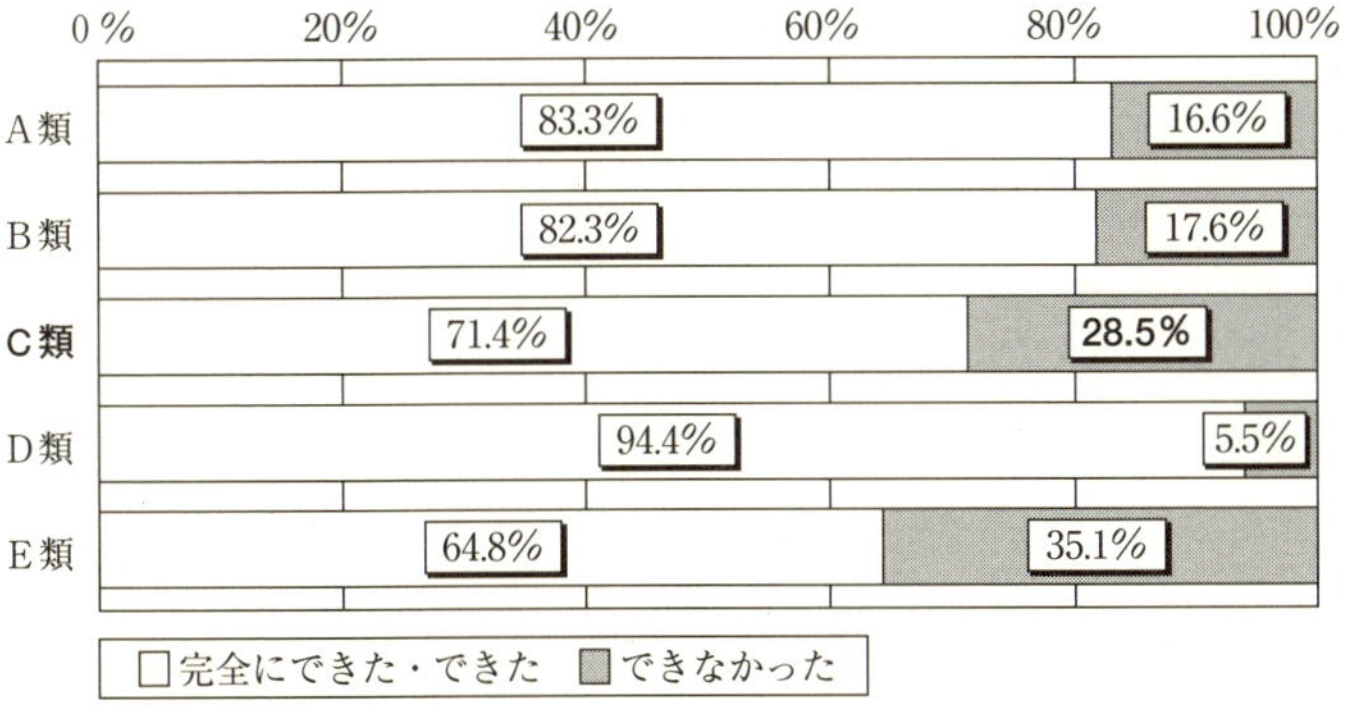

（教育研究所SSP研究より）

3 ネット依存

テレビゲームやネットゲームと不登校の児童・生徒の関係をまとめたものが図解7である。もちろん、不登校はこれらのゲームだけでは語れない。参考程度の資料だが、ゲーム機が高性能になればなるほど、不登校の児童・生徒は増加していく。ゲーム機の高性能化とゲーム人口の増加は相関している。ゲームの増加は子どもの遊びの変化でもあり、子ども達が近所で群れをなして遊ぶ時代が終わり、少子化と塾や習い事が増えひとり遊びが主流に変わっていったことを表している。不登校になると、中学生では友達関係も次第に切れていき、遊び方もひとり遊びが中心になっていく（詳しくは拙著『ネット依存の恐怖』〈教育出版〉参照）。

図解8は全国平均と不登校の子どもとのゲーム利用状況の比較である。不登校の子ども達が全国平均の子どもに比べ、約二倍テレビゲームやネットゲームを利用していることがわかる。

図解７　ゲームと不登校の関係

人気ゲーム機発売年と登校拒否児童・生徒（年間50日以上欠席者）

西暦とゲーム機の発売	小学生		中学生		
	登校拒否児童数(人)	割合(%)	登校拒否生徒数(人)	割合(%)	合計(人)
1974年	2,651	0.03	7,310	0.15	9,961
1978年インベーダーゲーム登場	3,211	0.03	10,429	0.21	13,640
1983年ファミコン発売	3,840	0.03	24,059	0.42	27,899
1990年スーパーファミコン発売	8,014	0.09	40,223	0.75	48,237

人気ゲーム機発売年と不登校児童・生徒（年間30日以上欠席者）

西暦とゲーム機の発売	小学生		中学生		
	不登校児童数(人)	割合(%)	不登校生徒数(人)	割合(%)	合計(人)
1994年プレイステーション発売	15,786	0.18	61,663	1.32	77,449
1999年プレイステーション2発売	26,047	0.35	104,180	2.45	130,227
2003年プレイステーション(オンライン可能)	24,086	0.33	102,126	2.72	126,212

（不登校児童生徒数　文部科学省「学校基本調査」より）

図解８　テレビ（ネット）ゲームの利用率状況

	全国平均	不登校の子ども
小学５年生	41.08%	**97.77%**
中学２年生	33.60%	**59.76%**

全国平均は平成16年3月（社）日本PTA全国協議会調べ
不登校は平成17年2月横浜市教育委員会＆横浜子ども支援協議会調べ

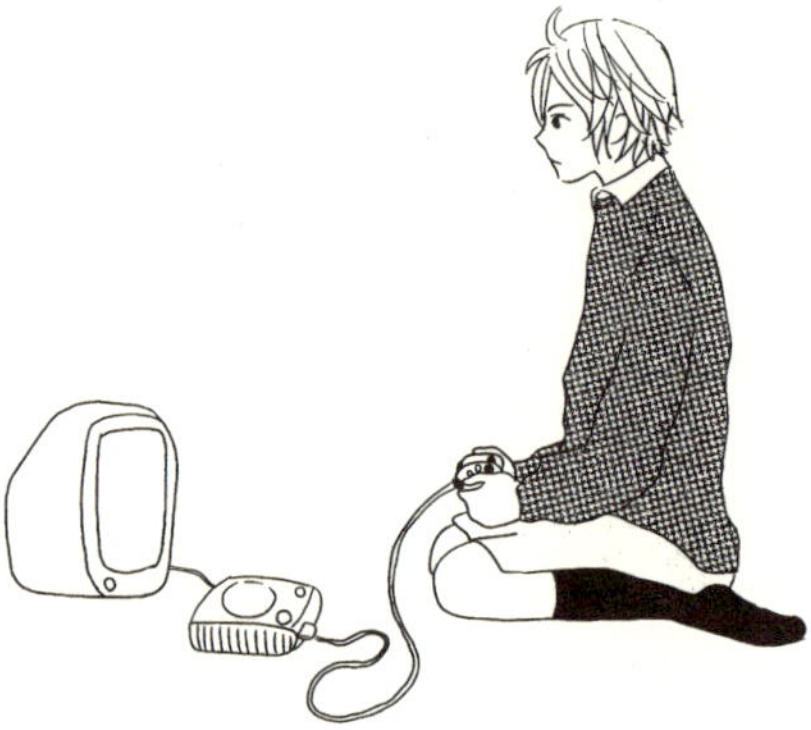

第三章

タイプの見分け方と新しい対応

1 原因をつくったのは教師？

少子高齢社会で育った子ども達は兄弟も少なく、地域社会で仲間同士だけの遊びも知らずに育つ。その子達の子育てをしている親達は、偏差値教育を受けて育った。幼児期の子育てでは、感情豊かに育つことより知育の発達を優先させるためか、水泳・英会話・ピアノなどの習い事に通わせる。同年齢の子どもとの遊びを通して学ぶ、人と人との関わり方を知らずに育った子どもは、集団の場（学校社会や会社）で人間関係から生じる様々なストレスをまともに受ける。そして、ちょっとしたことでも傷つき不登校や出社拒否になる。学校や社会との関係が閉ざされると、人間関係に自信を失った子どもの場合、人に対して、不安感や恐怖感が強くなって、ひきこもらざるを得なくなる。

図解1は、「不登校のきっかけが教師との関係にある」かどうかをアンケート調査し、その結果を表したものである。文部科学省が毎年行う学校基本調査では、小学校教師の二・二%、中学校教師の一・五%が教師自身にあると答えている。どの年を調べても、小・中学校ともに教師の回答では平均二%程度であった。これに対し、不登校の当事者である子ども達が回答した文部省のいわゆる「不登校追跡調査」[*1]では、二三・五%であった。横浜市アンケート調査[*2]では、小学生の一七・四%、中学生の一六・七%が、教師がきっかけであると答えている。また、同調査の保護者の回答でも、小学生の保護者三一・三%、中学生の保護者三〇・〇%が教師がきっかけであると答えている。なお、学校基本調査は一つだけを選ぶ単一方式であり、その他の調査はあてはまるものをすべて選ぶ複数回答方式である。方式の異なるこれらの結果を単純に比較することはできないが、教師自身が判断したものと、当事者の子ども達が答えた回答には極めて大きな乖《かい》離《り》があると考えられる。

　この乖離は学校や教師側から見ると、

図解1　不登校のきっかけは教師との関係にある

アンケート調査名	学校	回答者	教師がきっかけである(%)	調査年度
学校基本調査(文科省)	小学校	教師	2.2%	平成15年度
	中学校	教師	1.5%	平成15年度
不登校追跡調査(文科省)	中学校	子ども本人	23.5%	平成13年度
横浜市アンケート調査(横浜市・教育研究所の共同)	小学校	子ども本人	17.4%	平成17年度
	中学校	子ども本人	16.7%	平成17年度
	小学校	保護者	31.3%	平成17年度
	中学校	保護者	30.0%	平成17年度

＊不登校追跡調査と横浜市との共同調査は、複数回答可。

＊1　不登校追跡調査
正式名は「不登校に関する実態調査―平成五年度不登校生徒追跡調査報告書」（現代教育研究会、二〇〇一年八月）。

＊2　横浜市アンケート調査
二〇〇三年度（平成一五年度）に横浜市で公立の小中学校を年間三〇日以上欠席した不登校児童・生徒及び保護者へのアンケート調査のこと（横浜市教育委員会・横浜子ども支援協議会合同調査）。

不登校の原因が家庭や本人のいずれにもあてはまらない場合、学校や教師はその他の要因とし、一方、本人や保護者は、教師との関係を含めた学校生活に起因していると考えているのではないだろうか。不登校のきっかけが、教師との関係だったとしても、自己防衛意識や学校全体の集団防衛意識が無意識に働いてしまうのだろうか。長年臨床をやっている私には当事者の子どもの判断の方が、素直で実態に近い気がする。

もし、不登校やひきこもりが教師との関係を含めた学校生活に起因しており、原因が単一な場合は、早期に教師や保護者が発見し適切な介入をして積極的な対応をとれば不登校にならずにすむはずだ。まして、人間関係の不信や不安からくるひきこもりにはならなかったはずである。教師側の認識の甘さや及び腰な態度が、不登校やひきこもりの二次的な大きな要因になっている気がする。

〈予兆……早期発見と対応のために〉

教師や保護者が不登校を早期に発見し対応するためにはどのようなことに注意する必要があるのだろうか。

横浜市で行った本人及び保護者に対してのアンケート調査では長期欠席の予兆調査も行った。年間の欠席日数を三〇日から五九日以下（短期欠席者）、六〇日から一七九日以下（中期欠席者）、一八〇日以上（長期欠席者）の三グループに分けて調べてみた。

三グループとも、**起床困難と就寝困難の生活リズムの乱れが大きい**。これは心理的なストレスから興奮状態になり、寝ようと思っても寝つきが悪くなってしまい、そのために朝起きられない[*3]という身体のリズムの変調が起き、身体症状に移行していることが考えられる。また、**学習面では、学習への集中力がなくなっている**[*4]。いずれも数値が高いことからわかる。

その他に小学生の予兆として高いものは、「イライラする」（七四・四％）、「勉強がわからなくなる」（四一・九％）、「何となく不安」（三九・五％）、「他人が気になる」（三四・九％）であった。中学生では、「毎日が楽しくない／勉強がわからなくなる」（四九・二％）、「他人が気になる」（四七・五％）、「一人で部屋にいる時間が長くなる」（四二・五％）、などであった。

これらの状態像が現れたら子どもの心は疲れているので、子どもの話に耳を傾けてあげて、好きなことをさせて充分に気分転換させることが不登校の予防手段としては非常に有効である。

また、子どもの気持ちを理解するためには、子どもに四つの項目[*5]を聞いたり**観察したりする必要がある。情緒不安定や被害関係念慮[*6]が強い人には、受容的**

＊3　朝、起きられない
調査では次のような数値が出ている。
・なかなか眠れない（小学生三八・四％、中学生五二・五％）
・朝起きられない（小学生四〇・七％、中学生五五・〇％）

＊4　学習への集中力がなくなった
調査では次のような数値が出ている。
・勉強が集中できなくなった（小学生三三・七％、中学生四八・三％）

対応（積極的な登校のはたらきかけを行わず、子どもの意思を尊重する対応）を心がけ、子どもの心の変化に応じて少しずつ整理してあげる。生活空間や学習不安が強い人には、手伝ってあげる気持ちで一緒に行動すると変化が生まれることが多い。四つの項目のいずれもあてはまらない場合には、登校刺激型対応（積極的に登校するようにはたらきかける対応）をとることがのぞましい。

そのためには、子どもとの良好な関係を日頃から築いておくことも大切だ。そして、同時に保護者も教師も子どもの状態を見る目を養う必要がある。そして、何か変だと感じたら、話しかける余裕を自分自身でももっていたい。

では、不登校になってしまった保護者達はどんな思いでいるのだろうか。この調査では、保護者の方にも自由に既述してもらっている。

■保護者の意見

「中学時代、子どもは家庭にいる時間よりも学校で過ごす時間の方がはるかに長く、子どもの変化に気づくのが遅れた。『何か変だな』という指摘が担任からなかったことが悔やまれる。学校側も、もう少し細やかな目で生徒を観察し、親に知らせてほしかった」（中三の母親）

「中学校で、他の生徒に『死ね』『学校に来るな』『消えろ』『くさい』など、

＊5　四つの項目

【情緒不安定】
①理由なくイライラ
②好きなことをしても楽しくない
③理由なく不安
④毎日が楽しくない
⑤親との会話が少なくなる
⑥自宅にこもる

【被害関係念慮】
①他人のことが気になる
②仲間はずれにされている気がする
③親の目が気になる
④親の言葉が頭に入らない

【生活空間】
①気がつくとぼんやりしている
②朝、起きられない
③夜、寝つけない

【学習不安】

とても酷《ひど》い言葉を言われ、生徒指導の先生や校長先生に相談しても、何も解決しませんでした。悪質な言葉を吐く子どもの指導はほとんどできないで傷ついた子どもが不登校になるのが実情です」（中二の母親）

「先生によって、よく見てくださる方もあれば、疎《うと》ましく思う先生もいます。子どもの心を開かせる先生がもっといてくだされば、不登校も減っていくと思います」（中三の母親）

「もっと子どもが行きたがる学校にしてほしい。楽しい学校にしてほしい」（小三の母親）

不登校になった子どもをもつ保護者の自由記述を読むと、学校教育や教師に対しての不信感は根強い。保護者の不信感を取り除かないと、子どもの他者に対しての不信感は取り除けない。

学校や教師側の責任逃れのための原因追及や、いじめの加害者と被害者を級友の前で握手をさせて「これからは仲良くしましょうね」といった表面的な解決による対応ではなく、当事者同士の関係性による支配・非支配を含めて、「どんな思いで過ごしていたのか」「いじめる心理はどこから来たのか」「いじめをやった時、どんな気持ちがしたのか」「いじめられた時、どんな気持ちになったのか」「教師に誤った言葉や対応をされた時にどんな気持ちになったの

①忘れ物が多くなる
②学習に集中できなくなる
③勉強がわからなくなった

＊6　被害関係念慮

被害妄想という言葉は統合失調症（分裂病）の患者に用いるが、それ以外は念慮という言葉を使う。常に被害意識が強く、何かあった時は被害が自分に及ぶのではないかと考えて身動きが取れない人のことをいう。

か」などの心理的な面を含めた状況確認とその分析が必要である。

と同時に、トラブルはなぜ起こったのか、トラブルの前後では子ども達の心はどのように変わり、どのような行動を起こしたのかについて、当事者同士の考えと心理状況を教師や保護者が充分に理解できるまで聞き取りを行い、当事者同士が納得し合意できるまで場合によって話し合う必要がある。また、同時に被害が及んだ子どもの心に傷が残らないようにするカウンセリングの技術をすべての教員が身につける必要があると考える。

教師が加害者の場合は、素直に当事者や保護者に謝罪することはもちろんのこと、原因追及のために学校側でも保護者でもない専門家の第三者が介入し、仲裁することが望ましい。しかし、残念ながら、そのような制度はまだ日本には確立されていない。自治体によっては、教師による体罰は、校長が中立者となって真偽を確かめ、教育委員会に報告することになっている。それらの対応を学校側の教育委員会や校長などの学校管理者が行っていることもあり、子どもと保護者にとってはそれが学校教育や教師に対する不信感にもなっている。

いずれにせよ、成長過程の子ども達をいかに援助し、起きたトラブルを成長へと変えていく「子どもの側」に立つ発想や行動が求められている。

2 不登校やニート・ひきこもりになりやすいタイプ

YG検査[*7]では、人のタイプをおおまかに、**A・B・C・D・E類**の五つに分ける。社会的内向（対人関係に消極的でひき気味の人）は、C・E類である。これに対し、社会的外向（対人関係に積極的な人）は、B・D類である。A類は、C・E類やB・D類のいずれの要素ももっている人と考えられる。

ここでは、不登校やニート・ひきこもりのタイプの中心であるC・E類の二つのタイプについて話を進めていく（A類はバランスがとれて安定的であること、B・D類は外向的であることから、不登校やニート・ひきこもりが少ないと考えられる）。

YG検査にみるC類とは、YG検査解説マニュアルでは「おとなしい、消極的な性格だが情緒は安定しているタイプ」となっている。このような人は、特に問題のない、どこにでもいる人と考えてよい。一方、従来からいた心因性のタイプ（心の問題が原因であるタイプ）はYG検査ではE類の人である。解説マニュアルでは「情緒が不安定で、非活動的な内向的なタイプ」となっている。

これまでのひきこもりは、このE類のタイプが多かった。しかし、**近年、普段**

＊7 YG検査

YG検査は、日本では竹井機器工業株式会社が販売している。価格は高価なものではなく、手ごろであるといえる。

「YG検査」とインターネットで検索をかけると取り扱っている代理店を探すこともできる。

YG検査では、性格を次の五つに分ける。

A類…情緒は安定でも不安定でもない。行動面は社会的内向・外向両面において目立たない平凡な人が多い。

B類…情緒は不安定。行動

問題の見受けられないC類のタイプが不登校やニート・ひきこもりになるケースが急増している。

ちなみに、情緒は、C類は安定、E類は不安定である。行動面では、C類はおとなしく、E類は内向的であることが特徴となっている。

両方のひきこもりのタイプを日常生活の行動で比較してみると、

（1）理由なく不安になったり、気分の浮き沈みなどの変化はない。**（C類）**
理由なく不安になり、気分の変化が激しくある。**（E類）**

（2）小さい時からどちらかというと、人間関係に消極的で自分から友達の家に遊びに行ったり、声をかけることはなかった。友達から誘われれば遊びに行っていた。**（C・E類共通）**

（3）おとなしく、自分の意見や主張を明確に話そうとしない。**（C類）**
内向的で問題を抱えると自分の殻《から》に閉じこもり、ノイローゼ傾向を示すので、対応が難しく問題解決に時間がかかる。**（E類）**

（4）仲間やグループを仕切ったり、指図したりするようなリーダー的な役割は苦手である。**（C・E類共通）**

（5）学校や会社で些細なトラブルが原因で休みはじめ、様子をみるだけの対

面では活動的、社会的外向的である。自己抑制力が欠けると非行などの反社会的行動を起こしやすい。
C類…情緒は安定でも不安定でもない。行動面では消極的、社会的内向的の人が多い。
D類…情緒は安定している。行動面では活動的、社会的外向な人である。リーダータイプの人が多い。
E類…情緒は不安定。行動面では消極的、社会的内向な人が多い。ひきこもりをともなう不登校の人はこのタイプが多い。
C類かE類かを見分けるための簡易判定法については本章九三ページを参照。

応をとるとズルズルと休みが長期化していく。**（C・E類共通）**

（6）あまり外に出なくなり、家で過ごすことが多くなり、友達との人間関係が次第になくなっていく。

（C類は消極的なため、自然にいつの間にかという感じで他人との関係性が薄れていく）

（E類は自分の世界をつくって殻に閉じこもり、他人を拒絶するように自分から関係性を切る）

（7）身体症状や精神症状はほとんどない。**（C類）**

状態が悪いと頭痛、腹痛、吐き気、微熱（三七・五度程度）、不眠状態があったり長時間睡眠を起こしたりする、朝起きようとしても起きられないなどの様々な身体症状が起きる。精神症状として情緒的に不安定な状態になる。**（E類）**

（8）保護者からみると自分の趣味や好きなことを夢中になってやっているが、それ以外の時は何も積極的にしないので無気力に見える。**（C類）**

自分の殻に閉じこもり精神的に不安定な状態を過ごしていると思えば、退行（幼児もどし）を起こして甘えの行動を取ることもある。**（E類）**

不安や対人緊張が強く、情緒的に不安定でひきこもり傾向が強いE類を心因性（心の問題が原因）の不登校や心因性の社会不適応と呼ぶのに対して、C類のタイプに名前をつけるとしたらオタク（ヲタ）型不登校やオタク（ヲタ）型社会不適応ともいえる。

もちろん、オタクの中には大規模なコミケ[*8]などを企画・実施する積極的なオタクも存在するが、ここで述べるタイプのオタクは消極的な人のことを指す。

3 C類／E類の見分け方（簡易判定法）

私達は二〇〇四年（平成一六年）一〇月に、横浜市教育委員会と二〇〇三年度（平成一五年度）に三〇日以上欠席した児童生徒本人及びその保護者に対して、共同でアンケート調査を行った。母集団は小学生一五二二名、中学生二六三四名の計四一五六名とその保護者だ。有効回収率はあまり高くはなかったが、男女比、欠席日数や学年などの分布割合から考えて、全体よりも長期欠席者が多い深刻なデータといえる。

＊8　コミケ
コミックマーケットの略。正式には年二回東京の有明にある東京ビックサイトで開催される大規模な同人誌即売会を指す。しかし、同人誌販売のイベント一般についてそう呼ばれることもある。

図解2　欠席理由について

	小学生		中学生		中学生保護者	
学校を休んだ理由	人数	%	人数	%	人数	%
友達関係	**29**	**33.7**	**72**	**60.0**	**96**	**71.6**
病気	23	26.7	22	18.3	31	23.1
勉強・成績・試験	22	25.6	43	35.8	51	38.1
先生との関係	**15**	**17.4**	**20**	**16.7**	**42**	**30.0**
特にない	18	20.9	24	20.0	25	18.7
学校のきまり	10	11.6	12	10.0	26	19.4
転校・進級	5	5.8	16	13.3	25	18.7

欠席理由の図解2を見ると、小中学生とも本人の判断によると、友達との人間関係の問題を原因としていることが多いことがわかる。教師との人間関係についても小学生から結構な割合を占めているといえる。

図解3は、中学生本人が抱く父親や母親のそれぞれに対してのイメージを示している。父親に対して、「やさしいけれども、一方でうっとうしい存在」というのは、思春期特有の感情が表れている。しかし、内閣府のデータ[*9]と比較すると、「自分をよく理解してくれる」という項目については、内閣府調べでは二五・八％の四位であるのに対し、今回調査は一四・七％の六位と数値が低い。また、父親を「尊敬できる」という項目については、内閣府調べでは三九・二％の一位であるのに対し、今回調査は二二・一％の五位とこちらも数値が低い。

母親のイメージについては、「やさしい」が内閣府は四二・七％、今回調査が五三・八％でともに一位である。また、「自分をよく理解してくれる」については、内閣府は三九・五％、今回調査が三二・五％でこちらもともに二位であった。しかし、母親を「尊敬できる」については、内閣府調べでは二八・〇％の三位であるのに対し、今回調査が一四・五％の七位と低下しており、「友達のようである」については、内閣府は二六・八％の四位であるのに対し、

***9　内閣府のデータ**
「青少年意識調査」（平成一五年度）のこと。

図解３　子どもがもつ父親や母親に対するイメージ（複数回答）

順位	中学生の父親のイメージ	人数	%	内閣府データ（順位）
1	**やさしい**	**30**	**31.6**	**32.3%（２位）**
2	**うっとうしい**	**28**	**29.5**	**－**
2	あてはまるものがない	28	29.5	－
4	厳しい	23	24.2	28.8%（３位）
5	**尊敬できる**	**21**	**22.1**	**39.2%（１位）**
6	**自分をよく理解してくれる**	**14**	**14.7**	**25.8%（４位）**
6	生き方の手本となる	14	14.7	15.4%（５位）
8	自分とは関係がない	13	13.7	－
9	友達のようである	7	7.4	－

順位	中学生の母親のイメージ	人数	%	内閣府データ（順位）
1	**やさしい**	**63**	**53.8**	**42.7%（１位）**
2	**自分をよく理解してくれる**	**38**	**32.5**	**39.5%（２位）**
3	**友達のようである**	**37**	**31.6**	**26.8%（４位）**
4	うっとうしい	23	19.7	－
5	あてはまるものがない	22	18.8	－
6	厳しい	21	17.9	16.2%（５位）
7	**尊敬できる**	**17**	**14.5**	**28.0%（３位）**
8	生き方の手本となる	10	8.5	－
9	自分とは関係がない	2	1.7	－

今回調査は三一・六％の三位と上昇している。

これらのことから、**不登校の中学生は父親に対して、「やさしいけれど自分をよく理解していない」、そして「あまり尊敬できない」と厳しい言い方になってしまうが感じているといえる。また、母親に対しては、「やさしく、よく理解してくれる」が、「友達のようで尊敬はできない」と感じているといえる。**

さらに今回の調査では、本人自身の心理的な状態にまで踏み込んでアンケート調査を行った。これはC類／E類のタイプを明確に分けて対応していくために必要だったからである。質問項目は次の一五の内容である。

なお、ここでは読者のために、C類かE類かを見分ける簡易判定法につくりかえて紹介する（次ページ参照）。

父親・母親に対するイメージの比較

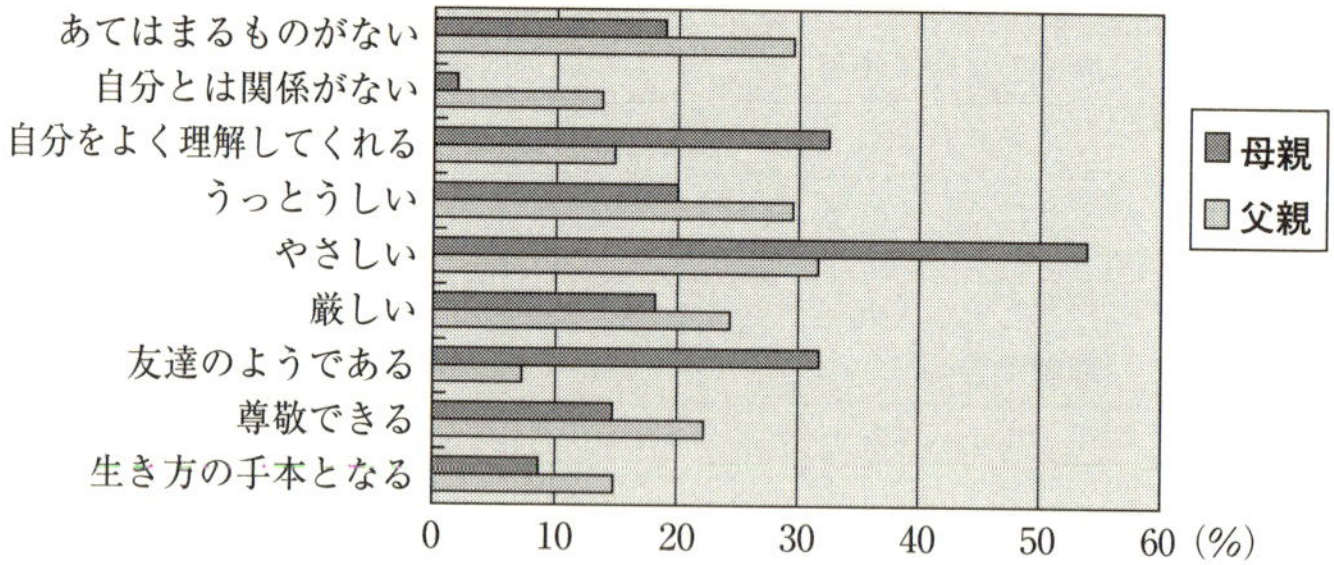

C類／E類の見分け方（簡易判定法）

①1～15までの各質問項目について、「はい」「どちらでもない」「いいえ」の中からあてはまるものを選ぶ。

1 多くの人と友達になることができる。
2 誰とでも話すことができる。
3 リーダーを進んですることができる。
4 目上の人の前に出ても緊張しない。
5 一人よりみんなでいたいと思うほうである。
6 人や物ごとを信じやすい。
7 人とはしゃぐことが楽しい。
8 嫌な人に会うと避けて通る。
9 過去の失敗をくよくよと考えることがある。
10 時々何に対しても興味がなくなる。
11 興奮しやすい。
12 いつも何か失敗しないかと心配してしまう。
13 劣等感に悩まされることがある。
14 人のすることが気になる。
15 心を傷つけられたことがある。

②各質問について、得点を次のように計算する。
「はい」…**2点**
「どちらでもない」…**1点**
「いいえ」…**0点**
ただし、質問「4」「5」「6」については、
「はい」…**0点**
「どちらでもない」…**1点**
「いいえ」…**2点**

③質問「1〜7」までの得点合計と、質問「8〜15」までの得点合計をそれぞれ計算する。

■判定表

質問1〜7までの総得点数	0〜6点	10〜14点
質問8〜15までの総得点数	0〜4点	0〜5点
タイプ判定	**C類**	**E類**

＊上記の判定にあてはまらない場合は、
A・B・D類のいずれかが考えられる

右の一五の質問項目は、YG検査より情緒的に安定／不安定及び社会的内向／外向と相関が強いものを、ひきこもりをともなう不登校の子ども達に行った検査から主成分分析によって抽出し、言葉をわかり易く現代風に書き改めた

ものを使った。

S値（社会的外向／社会的内向）1と2

A値（支配性大／支配性小）3と4

T値（思考的外向／思考的内向）5と6

R値（のんきさ）7

O値（主観性／客観性）8

以上の値は『社会的外向／社会的内向』を表す。

D値（抑うつ性大／抑うつ性小）9と10

C値（気分の変化大／気分の変化小）11

I値（劣等感大／劣等感小）12と13

N値（神経質）14と15

以上の値は『情緒的な安定／情緒的な不安定』を表す。

また、調査結果を図解にしたのが、図解4・5である。横軸（X軸）を情緒的な安定／情緒的な不安定とし、縦軸（Y軸）に社会的外向／社会的内向を表している。

図解4を見ると思春期の不安や葛藤が起こっていない小学生では社会的内向に傾きがあるが、散らばり方としては大きな相関は見られない。しかし、図解5で中学生になると情緒的には大きな問題は認められないものの、社会的に内向傾向が強いC類（第三象限）が非常に多いことがわかる。かつて、不登校の中核を成していた情緒的に不安定で社会的に内向の強いE類（第四象限）も認められるが、これらのタイプが増えているとは思えないし、E類のタイプは不安や強迫神経症やなんらかの病的気質と健康粋の境界領域の人達であるので、疫学的にはそれほど大きく変動はしないと考えてよいと思われる。

また、図解では、情緒的に不安定で社会的に外向の強い非行・遊び型であるB類のタイプが、長引く不況による家庭環境の悪化や養育力の低下からなのか数値が多いことも認められる。（第一象限）

ひきこもり傾向が強いタイプの子どもや若者は、いつの時代でも社会的内向が強いタイプである。社会的外向の人は、学校や会社には行かない、仕事をしないということはあってもひきこもることはない。

ひきこもりの子どもや若者は、社会的内向な第三象限と第四象限に現れる。その中で、第三象限の情緒的には問題はないが社会的内向の強い子どもや若者達（C類）の中から新しいオタク（ヲタ）型のひきこもりが生まれたといえる。

図解 4　社会性と情緒の分布（小学生）

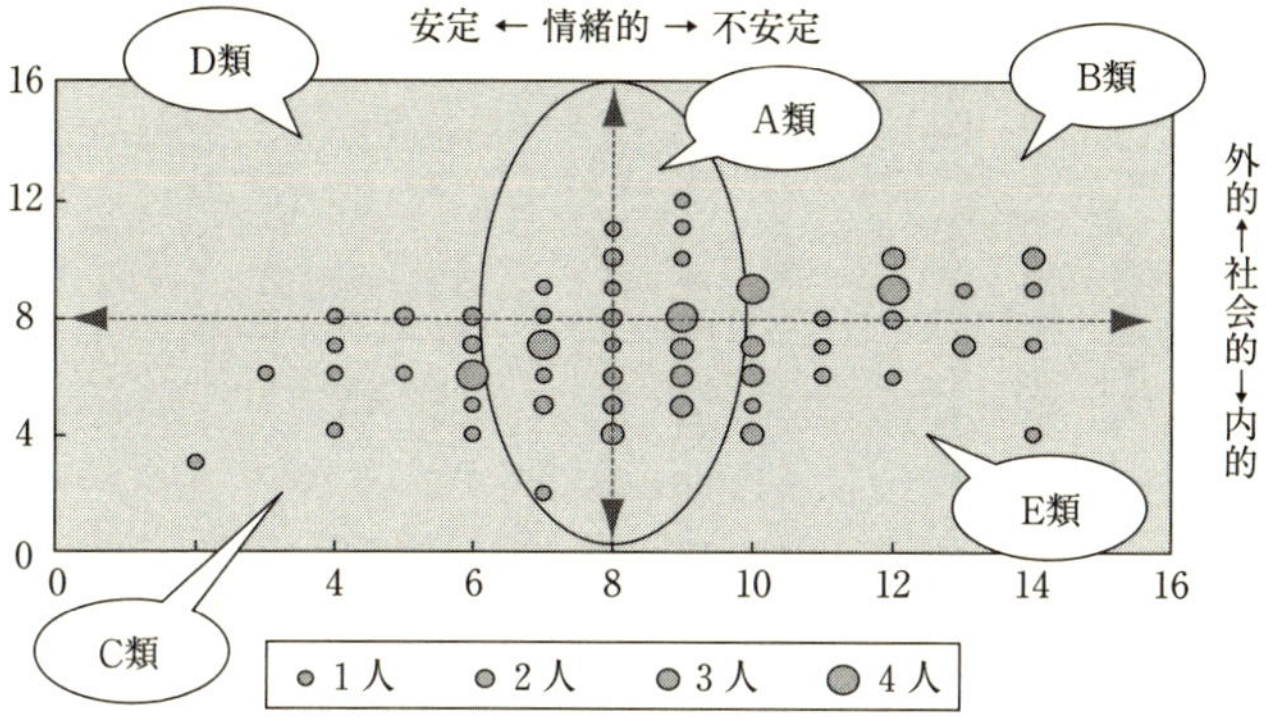

図解 5　社会性と情緒の分布（中学生）

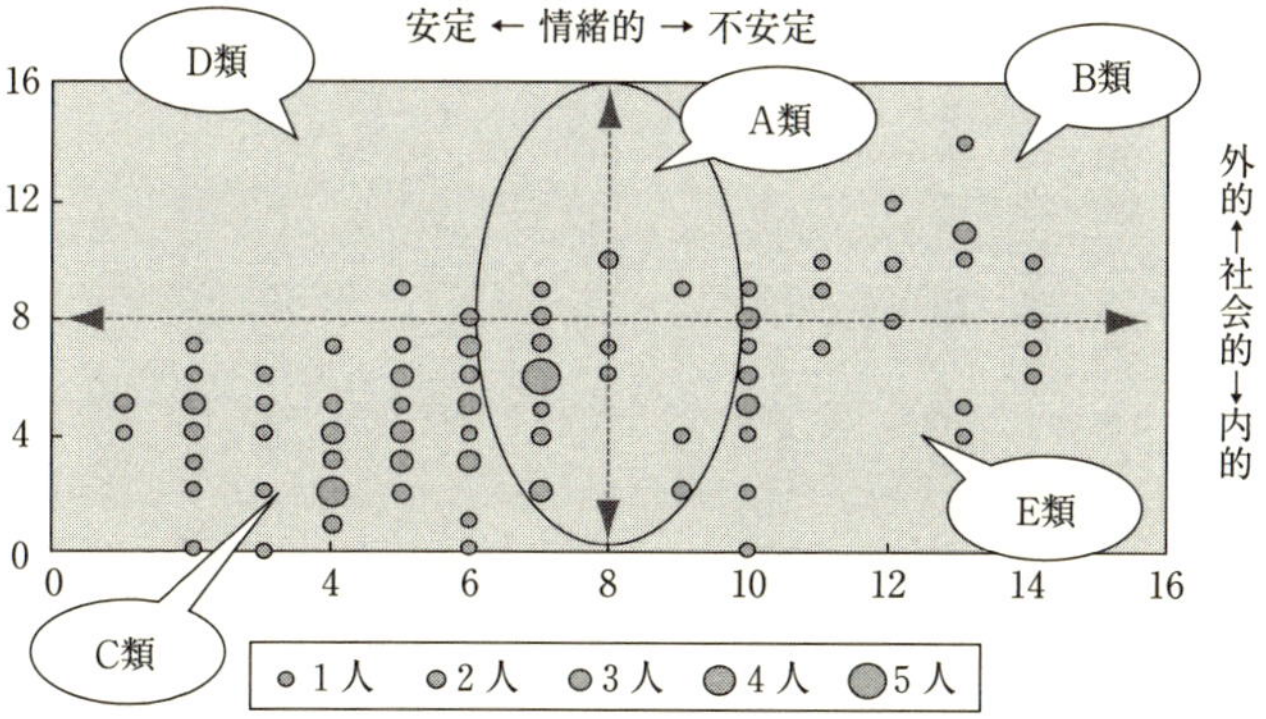

4 オタク（ヲタ）型ひきこもりが増えた理由

高度経済成長を終え、国民総生産（GNP、のちのGDP）がアメリカ合衆国に次いで世界第二位になった一九八〇年代に、アニメや漫画、テレビゲーム（後にネットゲーム）、猟奇的なものなどの趣味に夢中になり、仕事をしないで趣味に生きる人達が現れだした。その人達は相手を呼ぶ時に「おたくさあー」と呼んだ。そのことから彼らはオタクと呼ばれるようになった。

一九八〇年代後半に連続幼女暴行殺害事件を起こした犯人がオタクだったこともあり、オタクは最初反社会的なイメージで広まった。バブル経済崩壊後、フリーターの若者も増え、それと区別するために、オタクは本来の非社会的なイメージに変わっていった。

豊かな国の象徴でもあるが、日本特有の現象でもある。町の本屋に行くと半分近くがマンガ本で溢れる国は日本だけに見られる現象であるし、朝晩流されるテレビアニメや仮面ライダーなどの格闘ものや、規制があってないような投稿写真などの青少年向けのエロ写真集、漫画は少女向けであっても、猟奇的なものやエロものなどが横行している。

玩具類も子どもを消費者に見立てたものが、なんの規制もなくドンドン商品化され、子ども向けのテレビ番組のコマーシャルで大量に流して煽《あお》っている。さらに、芸能界では、中学生がおへそを出し極めて短いミニスカートをはき、お色気を売り物に踊りながら歌を唄う。それも別世界の飛び切りの美人ではなく、どこにでもいそうな女の子が皆同じような厚化粧をして登場するから、テレビを見ている子どもが影響されてすぐにまねをする。男はそれを可愛いと思い、成人した女性のお色気より子どものお色気のほうがセクシーと感じる。

このような変な国は他にはない。この退廃した文化がオタクを生み出す原動力になっている。どこかが歪《ゆが》んでいる。お金を儲けるために何でもやってきた大人社会のツケが、青少年を歪めてしまったのかもしれない。

もう一つの大きな原因は、バブル経済の崩壊とワールドスタンダードの進行によって、「よい高校はよい大学につながり、大きな会社、幸せな人生として、勝ち組に入れる」という流れや終身雇用・年功序列型の日本独特の雇用システムが崩壊したことによって、価値観はさらに多様化して、成熟社会の特徴である群をなさない若者の生き方がさらに拡散したと考えられる。オタクの子どもたちや若者はそんな戦後社会をつくってしまった大人達を見ているから、利己的な大人の説教や説得には応じないのかもしれない。

成熟社会は価値観の多様化した社会でもある。大人達の生き方も多様化していかざるを得ない。それらをすべて内包化した社会の模索が、今後、始まるのかもしれない。

5 急増するC類のニート・ひきこもり

C類に多いオタク（ヲタ）型ひきこもりや社会不適応は、学校や仕事に行かなくなるとズルズル不登校や社会参加しない日が続き、自分の世界に入り趣味など好きなことに没頭する。

自分を守るために詭弁《きべん》であるが理論武装をしていき、関わろうとする人を寄せつけないようにして、自分の中の不安を煽り立てないようにしていく。そして、ますます学校や社会への適応を困難にさせていく。

最初は人間関係の消極さから始まるが、本来、今までも人間関係の煩わしさや生き難さを薄々感じ取っていた人が、自分の趣味や好きなことだけをやっていればよいという環境が許されたのだと錯覚した時から起こる。

自分探しや、将来どのように生きていけばよいかなどの根源的な悩みから起った問題ではないため、葛藤もなくこの状態がそのまま固定されていく。だから、オタク（ヲタ）型の不登校や社会不適応の人に対して、様子を見るだけの誤った受容的対応を行っていくと、自分にとって楽な世界に入っていき、対人関係において心理的にますます消極的になり、ひきこもり状態が長期化して学校や社会不適応が難しくなっていく。

また、意識的にも今の学校や社会に対して魅力を感じないばかりか、どこか本質的に間違っていると思っている。だから、間違った価値観の学校や社会に参加することは誤っていると考え、自分が生きていくための消極的な（消費者として）最小限の関わりにしたいと思っているようである。

彼らへの対応は、生きることとの本質的な意味や価値観から考えさせていかなければならない。対応する親や先生・カウンセラーに対して、尊敬できる生き方のお手本だと思えなければ、説得にも対応にもならないところに難しさがある。

まずは彼らの生き方を否定したり否定的に捉えるのではなく、生き方を認め、自分の趣味の領域を含め、最低限生活者として生きていく糧をどのように得ていくかを一緒になって考えていかなければならない。その姿勢から信頼感が生

まれてくるはずである。信頼関係を土台に一人ひとりの心情に応じた登校（社会参加）への適切な指導を心がけなければならない。

本来、受容や指導は分かれたものではない。子どもや若者の気持ちを充分に聞き取り、理解し、信頼関係を形成することが受容であり、指導は受容によって築かれた信頼関係をもとに、「お母さんが言っているから勇気を出してやってみようかな」とか「自分のことを本当にわかってくれ、自分のために先生は言ってくれているのだから、思いきってやってみようかな」という動きにつながるものでなければならない。

受容と指導は一貫性の流れの中になければ本来意味がない。初期の対応では「不安が強く、情緒的に不安定」な心因性タイプに比べると、最近増加しているC類のオタク（ヲタ）型タイプは「**情緒的には問題はないが内向的な性格」なだけなので、丁寧に子どもの気持ちに寄り添って対応していけば、情緒的な[*10]交流も図りやすいので受容も指導も行うことはそれほど難しいことではない。**

第四章で、最近増えているC類のオタク（ヲタ）型タイプと、E類の心因性のタイプの代表的な事例をそれぞれ紹介する。対応の具体的な方法を考えてみたい。

＊10　情緒的な交流
相手の気持ちや感情を理解し共有し、共感する関わりのこと。

第四章

自立へ向けての出発

具体的な事例Ⅰ

1 何となく不登校

昇《のぼる》（仮名、一五歳。中学校三年生。ＹＧ検査でＣ類のタイプ）は小学校から帰ってくる子ども達の声で目覚めた。時計は午後四時半を指していた。閉めっぱなしにしてある遮光《しゃこう》カーテンの隙間から秋の夕日が漏《も》れていた。寝たまま腕を精一杯伸ばし、パソコンに電源を入れる。パソコンが完全に立ち上がるまでにベッドから出ればよい。

小学校六年生の夏から学校には行っていないから、不登校を始めてもう三年間が過ぎた。小学生時代からの友達にメールで誘われれば遊びにも出かける。友達がパソコンやインターネットのことで困れば、その子の家に出かけてパソ

コンの調子を整えてあげる。ネットゲームをする時間も充分にあり友達もいる。ネットゲームで知り合った仲間も大勢いる。今、困っていることは何もない。わらないことがあればインターネットで検索して調べればほとんどのことはわかる。中学校で習う漢字は書けないが、読むことで苦労したことはほとんどない。文書を書く必要がある場合は、ワードで入力しプリントアウトすれば済むことなので何にも困ることはない。

昇にとって学校生活は魅力を感じられない。時々、父親から将来はどうするのかと聞かれる。黙っていると説教やら小言ともとれる話がいつまでも続き、話の最後は会社の愚痴《ぐち》になり、自分の老後の心配で終わる。その話を最後まで聞くのが嫌だから、最近は適当に「高卒検[*1]を取って、情報処理の勉強をするために大学に行く」と答える。そうすると父親は「これからの社会はパソコンと英語は大切だ。しっかり勉強しなさい」で終わる。

その後、父親は母親相手に会社や仕事の愚痴をこぼす。母親が生返事をすると「お前は何もわかっていない。俺が働かなければこの家はどうなるのだ。一家、野垂れ死にだ」と口癖のようにぼやく。

＊1　高卒検

大検（大学受験検定試験）が二〇〇五年度（平成一七年度）より高等学校卒業程度認定試験（新試験）に変更された。

2 母親に尋ねると

「父親の会社は長引く不景気のせいで危ないらしい。上司や同僚がリストラされているらしい。お父さんもいつそうなるかわからないから不安なのでしょう」

「お父さんがリストラされたら家はどうなるの？」

「まだお父さんは若いから、今までのプライドを捨てて仕事を選ばなければ、収入は少なくなるけどまだ働けますよ。それにお母さんだって、今、パートでお父さんの収入の半分くらいは稼いでいるからすぐには心配はないのよ」と答える。

父親は有名大学の工学部を卒業して、大会社に就職したが、数年で設計開発担当から営業にまわされた。全国各地の営業所で働き、本社に戻ってからは営業の管理部門で仕事をしている。有名大学の工学部を出ても、自分がやりたかったことを何一つできず、中年になればリストラの心配をしながら家族のために頑張ってきた父親に感謝の気持ちはあるが、父親のようなああいう人生はやりたくはないと、昇は思っている。

でも本当は自分が何をしたいのかわからない。救いは、大学卒業の二二歳までは親は待って面倒を見てくれることである。それまでに大学を卒業して職種を決めればよいと言われているし、自分でもそう思っている。猶予期間中は何をやってもかまわない。

3 中学は何もしなくても卒業できる

最近昇はいつもこう思っている。

通信制高校に一応籍は置いて単位は高卒検で取ろう。そして、どこか入れる大学に入ろう。受験勉強はしたくないし、好きでもない教科の単位を取るために勉強なんてしたくはない。受験勉強は中学入試でコリゴリした。意味がわからないことを無理やり覚えさせられ、問題を速く正確に解く単純作業を繰り返す、これが勉強だなんてどこか狂っている。そこには好奇心を満足させることも、考えるという人間ができる創造的な行為もないような気がする。受験塾に行かされた時、自分がブロイラーのニワトリになった気分がした。今でもその時のことを思い出すと、死ぬほど嫌な感情が湧いてくる。

あの受験勉強がなかったら、僕は不登校になっていなかったかもしれない。塾をさぼり、街に出て時間を潰しているのを母親に見つかり、父親に怒鳴られてから学校も行けなくなった。最初は親に対する反抗だったのかもしれないが、朝起きないで学校を休んでいると、**母親に「昇は疲れてしまったのね。お母さん気が付かなくてごめんね。元気が出るまで、休んでもいいよ」と言われた。妙に優しい親になってしまった。ああいう態度をとられると、どうしていいかわからなくなって、いつの間にか楽な方に流されてしまった。**

退屈な日々が続き、私立中学入試も終わり、近くの公立中学に通うつもりだったが、なんとなくタイミングを外してしまい、中学生になっても休み続けた。そのうち学校なんかどうでもよくなってしまった。雑誌で知ったネットゲームをやりはじめてから今まであった退屈な気持ちはなくなってしまい時間が飛ぶように過ぎていった……。

■母親の話

「幼い頃、ひとりっ子の昇は大人しくひとり遊びをして過ごすことが多かったので、友達と遊んでほしいと思い、自宅近くの三年保育の幼稚園に入れました。幼稚園に入ると、友達もできて活発に外遊びをする子どもに変わっていきました。

ですが、年長の時に主人の転勤が決まり、関西に引越しをし、さらに福岡・札幌と転勤族の生活を送ることになりました。そして、六年生の時、主人の実家のある湘南に戻ってきました。昇にとっては友達ができたと思ったらすぐに引越しで、いつも辛かったろうと思います。最初は主人の両親と同居生活でしたが、昇が学校に行けなくなって一日中部屋で過ごすので、昇にとっては祖父母の目が気になるだろうし、新しい学校ならば通えるのではないかとも思い、隣町に家を購入して引越しました。

転校しても学校に行けずにいましたので教育委員会のカウンセラーの方に相談をしましたら、「転校続きで疲れたのでしょう。登校刺激をしないでゆっくり心の疲れが取れるまで、学校も塾も休ませたらいかがでしょうか。元気になれば学校に自然と戻れますよ」とアドバイスされました。それで、ゆっくりと休ませました。

ところが、中学生になっても登校しないので、またカウンセラーの方に相談をしましたら、「まだ、心にエネルギーが溜まっていないのですね。本人がカウンセリングに来ないならば、お母さんがいらっしゃいますか」と言われまして、月一回のペースで私が通いました。カウンセリングでは特に指示はなく、私の愚痴と世間話でいつも終わりました。カウンセリングの意味があまり感じられなかったので、一年間通ってやめました。

最初は主人も焦っていましたが、最近は、「あいつはあいつなりに考えがあってやっているのだろうから、見守るしかない」と言います。遊び友達もいるし、オフ会*2で知り合った大人の人とも、連絡をとっているみたいですけれど、このままでは自分の好きなことしかやらない、忍耐力のない大人になり社会に出られないようになるのではないかと思って心配なのです。そのことで昇に注意をしますと、「俺の知っている大人は、好きなことして生きている奴しかいねぇよ」と、テレビの娯楽番組の芸能人を指して言います。「親父なんて毎日休まず、夜中近くまで働いても、芸能人の一時間番組の出演料にもならないよ。哀れなものだよ。そして会社の辞令一つで引越し、逆らえば首、そして一家は路頭に迷う。俺は責任なんて取りたくないから結婚もしねぇし、ガキもいらね

＊2 オフ会
インターネットなどで知り合った者同士が、現実社会で出会う会を呼ぶ。パソコンをオフにしている時に会うので、この名称で一般的に呼ばれるようになった。

え。自由に生きてダメなら練炭[*3]がある。それまでよ……」などと言います。昇は父親にはそんなことは話さないが、私には本音とも冗談とも聞こえる言い方をするのです。

4 昇プロジェクト

本人及び家族

昇（一五歳）は中学校三年生の男子。核家族のひとりっ子。YG検査でC類のタイプである。両親とも大卒、親の学歴神話は高い。父親（四二歳）の仕事は大企業中間管理職。母親（四三歳）はパートタイマー（薬剤師）。一家は父親の転勤で引越が多い。

不登校の要因

① 昇は小学校の時に中学受験塾に通っていたが学力的についていけず、自信喪失から勉強嫌いになって不登校になったのではないかと親は考えている。

＊3 練炭
インターネット上のHPや掲示板などの仮想世界で知り合った見知らぬ者同士が、用意周到な準備を行って現実世界で会い、目張りをした部屋や自動車の中で精神安定剤や睡眠薬などを服用して、火鉢で練炭を燃やし一酸化炭素中毒による心中を図ることを省略して「練炭」と呼ぶ。

② 転勤族のため、昇は親しい友達ができなかった。

▲本人の様子▼

① 不登校中の三年間はほとんど登校しなかったが、特定の友達とはゲームをして遊ぶ。また、ネットゲームで知り合った仲間同士のオフ会で出会った人とも遊ぶ。今はネットゲーム中心の昼夜逆転の生活をしている。

② ストレスによる身体症状は不登校当初からなかったが、受験勉強の詰め込み教育を疑問に思いストレスを感じている。

▲困ったこと▼

現在のところ、本人はとりたてて困ってはいないが、母親は昇が現実逃避して好きなことだけをしていて将来社会に適応できるかを心配をしている。父親は自分のことで精一杯の状態。本人が二二歳で大学を卒業して、帳尻を合わせてくれればよいと考えている。

▲高校生活への希望▼

本人は、高校は通信制に籍だけを置いて、高卒検で単位を取ろうと考えている。

母親はできれば楽しい高校生活を送ってほしいと思っている。高校生活を通して、勉強以外にも級友や部活での先輩後輩との人間関係を学ぶことは、昇にとって必要なことだと考えている。

父親は、本人を信頼し任せることが、勉強に自信をなくした子どもには一番大切なことだと考えている。

▲**家庭内暴力**▼

登校刺激（積極的に登校するようにはたらきかける対応）はしたことがないのでわからないが、インターネットを規制すると暴力的発言をして母親を脅す。

父親はネットを規制しても意味がないと考えている。ネットのことは昇にすべてを任せている。

▲**総合所見**▼

母親とのカウンセリングから所見を述べる。

・母親の話から統合失調症や他の精神疾患や強迫症状も見られない。

・母親に対しては親愛感をもつが支配的なところもある。父親に対しては多少の距離感をもっている。自分の将来について父親が安心できるような答えをあらかじめ用意し、苦手な話をかわすことができる。

・現実逃避傾向が強いため、現実社会の苦労が滲《にじ》み出ている父親を嫌悪し、自分は父親のようにはなりたくないと思っている。しかし、父親とは違った生き方を示せないために、反対の極にある芸能人に対して尊敬の感情を含めて親近感をもっている。

・現在のところ、学校からのアプローチはほとんどない。教育委員会の相談室に母親が行っていたことがあるので、そちらに任せている感じが母親にはする。教委のカウンセラーは、病理的なものはないので焦らずに様子を見守る姿勢（受容的対応）をとっている。本人は、自分は病気でもないし困っていることもないので、カウンセリングには行かないと言っている。

・人間関係のスキルはあるが、被害関係念慮[*4]があり、自分が守られる（否定されない）安心できる相手とだけ交友関係をもっている。

・家ではネットゲームの仮想社会にのめり込み、現実逃避をしているが、もちろん本人は意識していない。そのことによって、不安や葛藤が起こらなくなっている。

・情緒が普通の状態で不登校[*5]やひきこもりが長期化している人のほとんどが、

＊4　被害関係念慮
被害妄想という言葉は統合失調症（分裂病）の患者に用いるが、それ以外は念慮という言葉を使う。常に被害意識が強く、何かあった時は被害が自分に及ぶのではないかと考えて身動き

このように現実生活では無気力で、精神的に低めで安定した状態のまま過ごし、何も対応しないでいるとさらに長期化していく傾向が見られる。このような事例が最近大変多い。

▲結論▼

最近、急増しているタイプ（YG検査のC類。第二章、第三章参照）で、情緒的には安定でも不安定でもない。（普通の人がもつ程度の）人間関係のスキルをもっているが、対人関係にはやや消極的で現実逃避傾向が高い。

5 学校（社会）に適応させるための具体的対応プログラム

対応の前提となる認識

① 両親は昇に対して愛情をもっており、学歴神話などの共通性はあるが、昇の状態に対しての認識や学校適応を含めた社会適応の方法に両者で違いが見られる。これは父親が仕事の関係上、精神的に余裕がないのが主要な原因と

が取れない人のことをいう。

＊5 不登校や社会的ひきこもりの長期化
第二章、第三章参照。

考えられる。

② 現在は精神的に現実社会に対して低めで安定しているが、昇には本当は不完全燃焼の気持ちがどこかにある。

③ このままの状態を続けても、同じような状態が継続するだけなので、何らかの刺激を入れて本人をゆさぶる必要がある。

▲具体的対応プログラム▼

① 両親とカウンセラーの三人で昇の状態について多角的に分析し、共通の認識を図る。

② 学校の先生を含めて利用できる社会的資源[*6]を使い、状態像に応じた適度な受容[*7]と刺激を与え、本人の心をゆさぶり葛藤を起こさせる。

③ 葛藤[*8]から生じるエネルギーを利用し、本人を動かして現状を少しずつ変えることによって徐々に自信をつけさせていき、他人の目を気にする被害関係念慮を克服させていく。

④ 学校などの同世代社会に戻った時、注意する点として先生や大人が配慮しなければならないことを確認する。

⑤ 父子関係の再構築をめざすためにしなければならないことをプログラムに

＊6　社会的資源
医療・福祉機関が使う言葉で、保健所・精神保健センター・医療機関・福祉センター・市民団体（NPO／NGOなど）をさしていう。ここではさらに意味を広げ、教育機関・フリースクールなどを含めて、社会にある組織や機関をいっている。

＊7　受容と刺激
受容〔acceptance〕は、ロージャースの用語。来談者中心のカウンセリングにおいて、治療者はまず来談者（相談者）の訴えを受け入れ、承認することが要請されている。いかなる訴えであっても、来談者を人格的に無条件に尊重し

入れる。

母親に昇の状態像と前提の確認を行い、私の所見を述べ、具体的な対応のプログラムを説明した。両親の同意が得られたので対応プログラムに入った。

▲三者（父親・母親・カウンセラー）によるカウンセリングの開始▼

時間的に余裕のない父親を配慮して、父親の都合に合わせてカウンセリングを行う。

父親は最初、昇のことでカウンセラーが母親と組んで、自分を責めるのではないかと警戒していた。そこで、警戒を解くためにも昇の養育歴から不登校に至るまでの事実経過と重要と思われる事柄や出来事に関して、父母の双方の思いや気持ちを述べてもらい、事実確認をしながら整理していった。この作業をしながら、夫婦の内部にある小さなわだかまりや誤解[*9]を解いていった。

夫婦間でのわだかまりについては、例えば次のようなものがあった。

昇が受験塾をさぼりゲームセンターで時間を潰していたのを偶然母親が発見し、その夜父親が説教をした。母親の方は、父親があんなに強く責めるべきではなかったと思っている。父親は塾をさぼった理由について追及をしたが、昇

承認することを受容という。こうした過程を経て来談者は、自分自身に対する否定的・両面的感情を捨て、自己を受容するようになる。自己を受容すれば同時に他人に対しても受容的になる。これは治療の進展の指標にもなる（『誠信心理学用語辞典』誠信書房、一九八一年）。

一方、刺激（登校刺激）とは登校を促すための刺激や指導のことをいう。

本来は受容と刺激は一体のものであるべきだ。相手の不安や苦しさを共有し、信頼関係を土台に、相談者の心の状態に応じて親身になった指導を行うことが望ましいが、今、心理学の世界では混迷した時代を反映してか、癒しを求めて「受

が何にも話さないので懲《こ》らしめるために叱ったつもりであった。「塾をやめろ」とまでは言わなかった。

母親もやめさせるつもりはなかったが、本人が行かなくなったので結果的にやめることになったと言う。母親は、父親があの時もっと粘り強く昇の気持ちを引き出すべきだったのに、それが充分にできないまま強いお説教をしてしまったので、昇の心に傷をつけてしまったのではないかと思っている。

※ 結果から「よかった／悪かった」を考えるのではなく、その時の思いや感情を整理していく必要がある。子どもにとっては親の考え方も重要だが、親がその時にもった感情を印象[*10]として強く残していることが多い。

※ 塾も学校にも行かなくなった原因を追及しても、本質的な解決にはならない。単一の原因での不登校ならばその問題をクリアすればよいのだが、長期化している不登校の場合は複合化した原因があることを理解すべきである。

◀昇の現在の状態についての認識▶

本人が精神科や心療内科の受診を拒むので、医師による診断をしたわけではないが、統合失調症を含む精神的疾患は今のところは認められない。

容」という言葉がもてはやされてひとり歩きしているきらいがある。

＊8 葛藤から生じるエネルギー
不安や緊張は様々な負の葛藤を生み出し、同時に何とかしなければならないという正のエネルギーも生み出す。それは無気力な状態から何とかしなければならないという行動力の源にもなる。

＊9 （夫婦の）誤解
父親が子育てのことについて協力もしないし、考えてもいないのではないかと思い、「どうするの？」と質問すると、「同級生が大学を卒業する時に、同じよ

昇の性格として、人に対して消極的で自分からは声をかけない方である。小学校の時に相つぐ転校をして、本当に親しい友達ができた体験をもっていない。

不登校になる前は、大人しく真面目でよく気のつく目立たない子どもだった。思考的には熟考型[*11]のタイプなので、自分で遊びを考えながらひとり遊びをすることが小さい頃から多かった。今考えると、詰め込みの受験勉強には合わなかったのかもしれない。

母親に対して不登校になる前は甘えたり、隷属[*12]的な支配を行ったりすることはなかった。しかし、カウンセラーに受容的な対応が大切ですよと言われた母親が、昇の気持ちを充分に聞いているうちに、段々と態度が支配的になっていった。そして、「インターネットを一日中やっていると目が悪くなるわよ」といったちょっとした注意でも、昇は脅すような暴言を吐いて反抗した。父親から見るとそれは母子密着状態で、母親が隷属させられているように感じられたという。

父親に対しては表面的には平静を装っている。これは、受験塾をさぼった時に怒鳴られたことを根にもっていることも考えられるが、現実社会をひきこもって逃避している自分を責めないため（防衛するため）の逃げ口上でもあり、現実社会とつながりの強い父親から刺激を受けて自分がゆさぶられ不安になる

うに卒業できれば、それでよい」と無責任ともとれるようなことを言われてしまう。

母親は、このまま子どもが大人になってもひきこもりの状態が続くのではないかと不安になり、どうすべきか父親と膝を交えて真剣に話し合いたいと思っていた。

三者のカウンセリングを続けていくうちに、母親は父親がちゃんと考えていることや、息子を愛していることがわかった。また、父親の方も、母子密着や息子に隷属しているように見える母子関係が母親の甘やかしや好んでやっている行動でないこともわかった。

ことを避けるための回避行動としてよく起きる心理的現象だと理解してもらった。

次に父親自身を理解してもらうために、昇との親子関係のあり方を考え、変えていく必要がある。

生活の様子や行動から見る限り、情緒的に安定でも不安定でもない。しかし、人間関係に対しては消極的な面が見られるなどについて両親とカウンセラーの三者で確認を図った。

6 社会的資源の活用

このタイプ（ＹＧ検査のＣ類）の子どもの場合は、長期間にわたって受容中心の対応をとっていくと状態が固定化して、不登校が長引くだけでなく自分にとって都合のよいことだけを受け入れ、気にくわないことは拒絶する自己中心的な行動が次第に目立ってくることが多い。

親から見ると社会適応していくために重要なことだからと言っても、本人に

＊10 （子どもの）印象

ひきこもりが始まると、精神的には今（現在）がなくなり、過去の嫌な出来事と不安な未来ばかりが頭をよぎる。

過去の出来事で、両親や他人から受けた自分にとって嫌なことや不愉快なことを思い出す理屈よりも感情が優先されるため、その時の相手の表情や気持ちがいつまでも残る。

不安な未来とは、このままひきこもっていたら自分はどうなっていくのか、という漠然とした不安のことである。

現在が充実し、自己肯定感がもてれば自然に消えていくが、ひきこもりは、現実逃避としての現在を拒否

とって気にくわないこと（不愉快なこと）に思え拒否する。**親がいつまでこの状態が続くのかと不安になり強引に実行させようとすると、子どもにストレスが生じて家庭内暴力に発展することが多い。**

このような時は両親だけで問題を抱え込まず、**学校の先生**（校長も含む）、**児童相談所の相談員、カウンセラー、ケースワーカー、医師、場合によっては生活安全部の警察官などの社会的資源を上手に活用する必要がある。その時、本人の状態や心情を的確に捉えることのできるコーディネーター[*13]が指示を出し、それぞれが役割に応じて連携をとって動く必要がある。**昇のケースもこれにあてはまる。

① 親のカウンセリングをしている相談員がコーディネーターになり、学校と連携し、校長の同意のもと、学年主任や生徒指導の担当の先生から「このままの状態では卒業できない可能性がある。卒業するためには、本人の意思と保護者の意向と卒業後の進路の確認[*14]をする必要がある。もし、卒業したい意思があるのならば、あなたができる範囲の課題を出すので、担任かカウンセラーと話し合いをしてほしい」という主旨の文書を返信期限付きで本人に伝える。

している行為なので、現在を充実していくことが難しいから問題なのである。いずれにせよ、今を共感できるように、関わる人が、「この花きれいね」「今日のビーフシチューはどう、おいしいかな？」などのように五感で共感することから始めるとよい。

＊11　熟考型
よく考えて行動するタイプの人のこと。このタイプを焦らすことは禁物である。

＊12　隷属的な支配
他人を支配し、奴隷のように従わせること。
子どもは、他人によって自分の感情を逆なでされたり、やりたいことが思うよ

② 本人から期限までに何の連絡もない場合は、保護者を通して保護者の意向と本人の意思を確認する。もし、卒業を望まない場合はその理由を書面にしてもらう。卒業したい意思がある場合は担任かカウンセラーと話し合って、今後のことを決める必要があることを伝える。

※昇の場合も期限が過ぎてカウンセラーのところに本人が相談に来た。

③ 大阪の岸和田で起きた虐待事件などのように、学校の先生やカウンセラーの家庭訪問を繰り返しても進展が見られずに、保護者の協力が得られない場合は、なぜ得られないのかを充分に検討する必要がある。さらに、保護者に「先生方が家庭訪問をすると子どもが興奮して状態が悪くなる」などと言われた場合は、そのまま引き下がるのではなく、児童相談所とも連携を図り、虐待の可能性がある場合は介入してもらう必要がある。また、事件につながる可能性が高い場合は警察生活安全部に相談に行き、警察官の介入が必要であろう。もちろん病的な要因が強く自傷多害の恐れがある時には、保健所を通して精神保健指定医による措置[*15]入院も考えられる。

相談に来た本人に対して

ひきこもりの人がカウンセリングに来るということは、その人にとっては大

うにやれないと、主に受容的な対応をする母親に対して家庭内暴力を起こしたり、自殺をほのめかしたり、リストカットをしたりして脅すような言動をとることがある。このような言動をとって、母親が何もできない状態にさせ精神的に母親を支配することをいう。

以前は、強迫神経症や家庭内暴力をともなう不登校の子どもに多く見られたが、受容中心の対応になった現在は、親子関係でせめぎ合うことが少なくなったために、子どもの方が強くなり、隷属した母子関係がどの子にも見られるようになってきている。

＊13　コーディネーター

変なことなので、最初に「よく来たね」とねぎらいの言葉がけをする。そして、相談者の苦しみや不安に耳を傾けて聞き、受容的な対応をして信頼関係をつくっていく必要がある。

「中学を卒業したいのです。でも、学校の先生が課題をやらなくては卒業させないと言っているのです。それで、担任かカウンセラーと相談して来いと言うのです。課題は何でもいいらしいのですが、どうしたらよいでしょうか?」と子どもが相談に来たらしめたものである。

なかには、カウンセラーではなく担任のところへ相談しに行くケースも多い。**学校側は例えば、指導する学年主任や生徒指導担当教員、受容する担任、養護教諭といったように連携を取りながら役割分担をする。当然、受容する側の先生は、その子どもにとって印象が悪い先生は担当してはいけない。**

ここでは、カウンセラーと担任のところに子どもが相談に来たことを想定して話を進めてみる。

カウンセラー　「卒業のために課題の提出が必要なんだね。それは、けっこう大変だね。わかった!　できることは手伝うから何をしようか?」

担任　「ごめんね。義務教育でも進級や卒業も、最近は厳しくなっているの。進[*16]

不登校の児童生徒に対する適切な対応をとるために、学校において中心的にかつコーディネートする役割を果たす教員のこと。学校内外をコーディネートする不登校対応担当は、校長のリーダーシップの下に教頭や生徒指導主事などの全校的な立場で対応することができる教員が務める（平成一五年三月文部科学省「今後の不登校への対応の在り方について」〈報告〉参照）。

***14　（卒業希望の意思）確認**

義務教育課程では、以前多くの学校では、「本人の意思」「親の意向」「卒業後の進路」の三つの点を確認していた。

級卒業判定会議に出すのに資料がないと認めなくなったので……」

子ども　「判定会議で認められれば、卒業できるのですか？」

担任　「判定会議でＯＫが出てから、校長先生が認めてくれたら卒業できるけど、校長先生が認めてくれなかったらできないしくみなの、先生もあなたが卒業したい意思が強いみたいだからがんばるよ」

子ども　「何をすればよいのでしょうか？」

担任　「作文、自由研究、漢字や計算、理科や社会のレポートなど、課題[*17]は何でもよいみたいよ。どうしようか。何かやりたいことある？」

子ども　「学校の勉強以外はダメなのですか？」

カウンセラー＆担任　「そんなことはないよ。総合的な学習の時代だから」

子ども　「何もやりたくない時はどうしたらいいのですか？」

カウンセラー＆担任　「その時はどうしようか？　こうして、一週間に一度相談に来ることでもいいよ。学校に行ければそれが一番いいけど、難しいかな？（笑）」

子ども　「自分でできることを来週までに考えておきます」

ひきこもりの人が外の世界に出ようとする時には、きっかけになる事柄とそ

＊15　措置入院
精神保健指定医が行う強制的な入院措置のことをいう。

＊16　進級卒業判定会議
学校内で行う進級や卒業に関する教職員会議のこと。

＊17　（不登校時の）課題
不登校の子どもに課題を出し、それを進級・卒業の判定の資料に使う場合は、次のことに注意する必要がある。
課題を出すことによって状態像の悪化が考えられるタイプとして、文部科学省の不登校の分類では、「不安などの情緒混乱」と「（不登校が）学校生活に起因する（場合）」の二種が

れを動かすエネルギーが必要になる。そのためには具体的に問題を提示し、心に葛藤を起こさせることが大切だ。きっかけになる事柄は、本人にとって直接困ること（今のひきこもりの生活が侵される可能性が高いこと）が一番効き目があるのだが、失敗をすると関係性がますます悪化するとともにひどい家庭内暴力が起きるので、絶対に失敗がないよう慎重に計画を立てることがとても大切だ。そして、**子どもが実際に動きはじめたら、ねぎらいの言葉がけをして、次の行動に結びつくように上手に誘導していく。その時に大切なことは、子どもを一人だけで動かすのではなく、信頼関係をもとに一緒に動いてあげることが大切だ。「もし、何か問題が生じたら解決を手伝ってあげるからね」あるいは「責任は取ってあげるから心配しないでね」という共同作業の意識が必要だ。そして、上手くできたら褒めて自信を回復させていくのである。**

　昇のタイプは情緒的には大きな問題がないので、対応する人が、子どもの生活リズム[*18]がなかなか直らなくて焦って無理難題を押しつけたり、矛盾した言動をとったりしなければそれほど難しくない。

　昇も中学三年という条件を利用し、卒業や進路という壁[*19]を回避せずにぶつかっていくことで、本当の自信をつけていった。

　現実社会の人間関係が豊かになればなるほど、インターネットの仮想社会の

ある。それ以外のタイプは本人あるいは保護者を通しての話し合いで課題を決めることが望ましい。

　課題には、学習の修得状況の確認という意味があるが、主たる目的はやはり本人とのコミュニケーションを図り、学校や先生との信頼関係を再構築することで、子どもがひきこもりの状態から抜け出すことにある。

　子どもにとって取組みやすい課題は、自分の好きなことで、他人が入ってきても混乱しないものであり、他の人と共感が得られやすいもの（子どもによっては好きなものでも、自分だけの世界をつくり、他人が入ることを極度に嫌がる場合もある）。

　学習内容としては、計算

居場所とは自然に距離がとれてきた。そして、現実社会が充実してくると自己[*20]肯定感をもてるようになり、被害関係念慮もなくなっていく。父親との関係も拒絶的な態度や批判もあまりとらなくなった。

7 インターネット社会の光と影

　人間関係に消極的なのは気質的な要因が大きいが、どの時代にも、どんな国にもそのような人はいるはずで、気質にすべてを支配されていくことは考え難い。また、その人達の気質といっても特別に不安や葛藤・緊張が強いために人間関係に消極的になっているわけでもない。それより、**社会や家庭環境が、C類に多いオタク（ヲタ）型不登校をつくり出す状況にあると考えたほうがよいと思われる**。

　主な要因を考えてみると、高度成長期以降に社会環境として経済的に豊かになり、家で親と生活をしていれば、親のスネを齧《かじ》りながら生きていくことも可能となった。親に寄生して生きる若者が増えることによって、次第に社会も黙

練習、漢字の書き取り練習、意味調べ、単語帳づくり、理科や社会のレポートづくり、新聞記事のスクラップなどがある。

　作文、詩、読書感想文など、本人の内面が出やすいものは思春期に入った子どもには難しい。

　子どもが課題を提出した時は、必ずねぎらいの言葉をかける。そして、課題を子どもに返す時には必ず先生の感想を書き添えるようにして、コミュニケーションの継続を図るように配慮する。課題はひきこもりから抜け出すための手段であるので、信頼関係の獲得がすべてである。もちろん、その課題を提出することによって、進級や卒業が可能

認し、許す環境がつくられるようになっていった。

経済的な発展によって、田畑などを仲立ちにした血縁農耕社会はもとより、地域経済に根ざした地縁関係を中心にした地場産業経済も衰え、大企業中心の経済産業構造に変わっていった。その流れの中で市民の意識構造まで変化して子育て観も変わっていった。

親が子どもを育て、仲間とともに助け合って地域で暮らすという感覚は、大都市及びその周辺の住宅地では希薄になっていった。その意識の変化は親族としての同胞意識も薄れさせ、最小単位の核家族の結びつきだけになっていった。それもやがて子どもが成長し、大人になり家を離れ自立すると、個がすべてを優先する超個人主義に変化していった。

教育の世界でも、役所や企業社会の要求によって、人格よりも学歴が優先され、学校教育においても、学校や個人を比べる尺度として偏差値がはびこり、他人と競わせるために表面的な知識を求める入試学力観が強まっていった。それらの要求を満たすために塾、予備校、進学校では受験問題を中心に反復練習を行い、入試解答率を上げ偏差値の高い学校に子ども達を合格させることが、予備校や学校の生き残る道であるとともに、最大の利益につながると考え、受験産業の隆盛を極めた（この現象は現在もなお続いている）。


になり、絶対評価の対象になってもよい。

＊18 生活リズム
ひきこもって不登校になると生活リズムが次第に崩れる。学校に行くと必要以上にストレスを受け、家でもストレスを充分に発散できずにいると、ストレスを次第に溜め込み、朝、登校しようとすると、お腹が痛い、頭が痛い、微熱がある、嘔吐するなどの身体症状が起きて学校に行けなくなる。

最初、親は登校刺激をすることが多いが、そのことによって状態が悪くなると登校刺激をやめてしまう。その途端、朝起きれずに、一日に一〇時間以上も睡眠をとるようになる子が多い。

その結果、子ども達は日常生活から生じる様々な疑問や社会問題を自分なりに考え、論理的に整理し、自分の考えを他人に理解させて納得させる表現力がなくなった。これは受験勉強特有のマークシートによる詰め込み学習から知識の不消化を起こし、生きることと学ぶことの二つの概念を遊離させた。

それらの子ども達が自分探しを始める思春期になると、勉強したり、働いたりしながら考えることをしないで、何もせずに考えるという頭でっかちの思考を始めた。しかし、生活体験不足の若者達は、当然のことだが自分の生き方を見いだすことはできない。そして、長い堂々巡りの思考の結果、社会生活に意義を見つけることができずに無気力になってしまった可能性が高い。

これらの弊害を克服するために、当時の文部省は「ゆとりの学習」を実施し、総合的な学習の時間を学校教育に取り入れた。そして、週五日制を実施するために学習指導要領の削減を実施した。しかし、総合的な学習の時間の成果は充分にあがらなかった。その上、学習内容と授業時間の削減のために、国際的な学力調査で日本の子ども達の学力低下[*21]が起きはじめた。

「三度、三度の食事をし、寒暑や雨風を防ぐ、家のありがたさなど、あたりまえのことだ」とし、生きることの厳しさがわからず、掃除、洗濯、整理整頓などを親にしてもらい、そのことから来るさらなる生活感の希薄な感覚は大き

これは、睡眠によって副交感神経を働かせ交感神経を休ませてストレスをとる自然な自己防衛であるが、半年以上も続くことはない。

しかし、現実には多くの子ども達は、ひきこもって半年以上経過しても長時間睡眠をしていることがほとんどのようだ。その時の子どもの身体は、慢性の運動不足のために、身体は疲労せず浅く長い睡眠状態が続く。このような場合は、室内でもできる腹筋・背筋、ストレッチ、腕立て伏せ、スクワット運動などを行い、体温を上昇させて血液循環をよくさせ、一日八時間程度、熟睡できる状態をつくることが大切だ。

ひきこもり中に生活リズ

くなっていった。

学校に行って勉強や部活をし、放課後に塾や予備校に行き、進学校に行くことをよしとする。このような現代子育ての感覚の中で、少子化が進み隣近所に遊び友達もいなくなり、塾や習い事に時間を取られ自由に遊べる時間もなく、遊びといえば、テレビ、漫画（アニメ）、ゲーム、ネットサーフィン、携帯電話でのチャットなど、人と人との直接的なふれあいの現実世界より仮想世界で遊ぶ子ども達は、現実世界よりも仮想世界に親近感をもち、自分の心の居場所を築いていったのかもしれない。（図解1）

図解2はヒットしたゲーム機の発売年度と不登校の推移である。もちろん、テレビゲームやネットゲームと不登校・ひきこもりとの関係をこれだけで単純に語ることはできないが参考にはなる。

バブル時代、大手ゲーム会社は若者や子どもをマーケットとして考え、テレビコマーシャルで子どもの欲求や欲望を刺激し、いつでもどこでもできるひとり遊びのゲームを商品化して子どもを消費社会に巻き込み、消費者として育てていった。**贅沢な消費社会で育った消費者としての若者や子どもはやがてバブル崩壊後、就職難時代もあと押ししてお客様心理としての消費者から脱却できず、生産者になれずにオタク（ヲタ）と呼ばれ、自分の世界にこもり、その後、**

ムの改善を行わないと、せっかく外に出て動きはじめても、精神的理由やストレスが原因ではないが起きられずに動けなくなることもよくある。

＊19 （中学三年の）壁

ひきこもっている子どもは、同級生のみんなはどうしているか気になるし、みんなの群れから遠ざかっていく自分を感じる。学校に行っていなくても、学校の区切りである六・三・三・四が気になる。学校制度から来る年齢の区切り、一五歳、一八歳、成人の二〇歳、二二歳が気になるのである。

その学年や年齢になると、ひきこもっていても自然と不安が強くなったり、葛藤

ニートになった可能性も高い。

二〇〇〇年までは、ひきこもって孤独を癒す道具は深夜放送、テレビ、テレビゲームであった。これは、聞くだけ、プレーするだけの一方向性である。二〇〇〇年以降になってからは、ブロードバンドの普及にともない低額の料金で常時接続ができるようになると、インターネットが本格的に家庭に入り込む。ネットゲーム、メールやチャットが楽しめる双方向性時代になり、若者や子ども達の遊び方にも大きな変化が現れはじめた（『ネット時代の子どもたち』教育出版）。

オタク（ヲタ）をやっているのは自分だけでない。こんなにたくさんの仲間がいるのだと安心し、ネットゲームの中に友達をつくっていく。個としては孤立し不安定なオタクが「赤信号みんなで渡れば怖くない」という意識で、インターネットの仮想社会にグループをつくり「みんな一緒だね」という感情のもとに精神的な安定化をはかっていく。これはオタク状態のひきこもりの継続化を意味し、今後、社会参加しないオタクの爆発的増加の可能性が考えられる。

が起きたりしやすいので、状態を的確に捉えて対応をこころがけることが大切だ。

子どもの状態像として、同級生がどうしているか尋ねるという直接的なものもあるが、間接的な言い方を普通はとることが多い。

母親に対して、

「お前は鈍い」

「俺（私）の気持ちがわからないのか」

「どうにかしろ……、このまま、ほっとくつもりか」

などと言ったり、静かに暮らしていた子がある日、「イライラする。どうするつもりだ」と他人事のような発言をする。

この時期にこのような発言を子どもがした場合は、放っておかずに、子どもの

図解1　学校外での1日の時間の過ごし方

	日本	国際平均値
宿題をする	1.0時間	1.7時間
テレビやビデオを見る	2.7時間	1.9時間
家の仕事(手伝い)をする	0.6時間	1.3時間

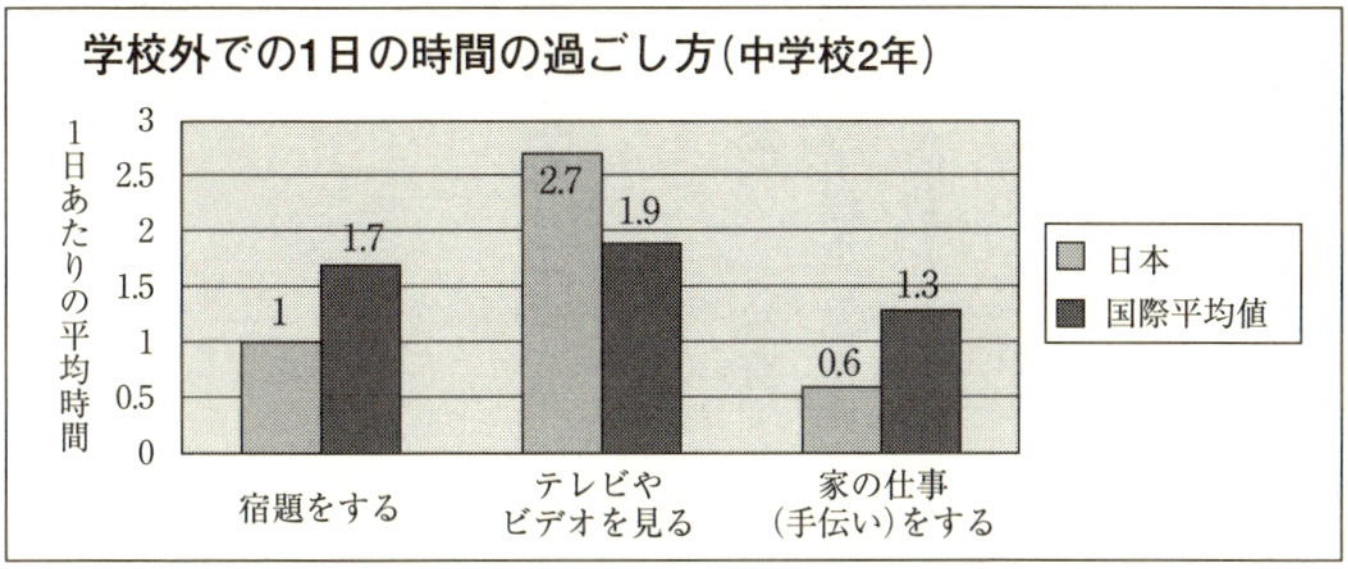

＊参考資料：OECD、TIMSS2003、中学2年生への生徒質問(文部科学省)

図解2　登校拒否・不登校の児童生徒数の推移と、人気ゲーム機の発売年

西暦とゲーム機の発売	小学生		中学生		合計(人)
	登校拒否児童数(人)	割合(%)	登校拒否生徒数(人)	割合(%)	
1974年	2,651	0.03	7,310	0.15	9,961
1978年　インベーダーゲーム登場	3,211	0.03	10,429	0.21	13,640
1983年　ファミコン発売	3,840	0.03	24,059	0.42	27,899
1990年　スーパーファミコン発売	8,014	0.09	40,223	0.75	48,237

＊登校拒否の児童生徒は、年間50日以上の欠席者が対象になっている。

西暦とゲーム機の発売	小学生		中学生		合計(人)
	不登校児童数(人)	割合(%)	不登校生徒数(人)	割合(%)	
1994年　プレイステーション発売	15,786	0.18	61,663	1.32	77,449
1999年　プレイステーション2発売	26,047	0.35	104,180	2.45	130,227
2003年　プレイステーションオンライン可能	24,086	0.33	102,126	2.72	126,212

＊不登校の児童生徒は、年間50日以上の欠席者が対象になっている(文部科学省「学校基本調査」より)。

要求の背景にある意味を考えて慎重な対応をこころがけたいものだ。

＊20　自己肯定感

自己否定感の反対語。自分自身を認められるようになること。不登校の体験者は、現在充実感があると過去の不登校体験も肯定的に考えられることが、文部省「不登校追跡調査」(現代教育研究会調査二〇〇二年八月)でわかった。

ひきこもりの人は人間関係での何らかのひっかかりがあり、そこに悩み、悩めば悩むほど、対人意識が強くなる。その結果、人との関係に緊張感が強まり、ますます不安感が強くなり悪循環が起きる。そして、す

具体的な事例Ⅱ

1 ひきこもりになって……

柚子《ゆずこ》（仮名、一七歳。ＹＧ検査でＥ類のタイプ）のひきこもりの生活が始まって五年が過ぎた。中学校を卒業後、学校にも通わず、仕事にも就かず、進学や就職のための勉強や活動もしていない。一日中、自分の部屋で過ごす。食事は家族が寝静まった真夜中か家族がいない時にとる。

一番困るのは休みの日だ。食事は休みの前に保存ができるお菓子やパン類、飲み物を部屋に運ぶが、トイレやお風呂が使えなくなる。家族が寝ている時にすませ、家族の人が起きている間は飲食せずに耳栓をして眠るようにしている。

一日中、窓を閉めきり遮光《しゃこう》カーテンを引く。部屋のドアは家族が勝手に入っ

べてをマイナスに感じる陰性感情が強くなり、自分を必要以上に責める自己否定感が起きる。そのためにひきこもりがさらに長期化していく。

　ひきこもりの対策として、自己否定感から自己肯定感に変わることが最大のポイントになる。

　このポイントはなかなか自分一人では変えられないので、関わる人の対応のよしあしによって大きく左右されざるを得ない。

＊21　**学力低下**

　総合的な学習の時間と週五日制の完全実施が二〇〇二年度から始まり、主要科目の時間数が削減された。そのため、子ども達の学力

て来ないように、整理ダンスでバリケートをしている。部屋には机、ベッド、テレビ、ビデオ、パソコン、ＣＤラジカセ、ポータブル冷蔵庫、湯沸器、エアコンなどがある。衣服の洗濯は家族がいない時に乾燥まですませる。

父親と中学三年の弟とは三年間まともに話もしていない。母親とは、最低限必要な生活消耗品を買って来てもらうために、この一年間やむをえず筆談をし続けている。母親は色々なことを書いてくるが、目を通すと殺意が強くなるので全く読まない。

部屋にいる時はビデオを見て過ごすことが多い。テレビはたまには見るが、気に入っているアニメやドラマをビデオに録って何回も見る。ニュースを見たいという好奇心はあるが、新しい情報が入ってくると混乱する感じがするので見ないようにしている。好きな音楽に関してはそんなことはない。気に入っているミュージシャンの新しいＣＤを買いたいが、外に出られないから買いに行けない。しかたがなく気に入った音楽番組をカセットに録音して聞く。音質のよいＭＤが欲しいが、母親に要求できずに我慢している。

こんな暮らしがいつまで続くのかわからないが、自分ではどうにもならないと思っている。人に会うと緊張感が高くなって具合が悪くなる感じがする。他人の話し声が気にならなければもっと楽なのにと思う。これ以上、苦しみたく

が低下するのではないかと指摘されるようになった。

ＯＥＣＤが行う国際学力調査でも、数学と理科において、子ども達の学力低下が認められた。また、同時に意欲の低下も確認されている（文科省「ＰＩＳＡ調査、ＴＩＭＩＳＳ調査の結果分析〈中間まとめ〉より）。

ないので耳栓やヘッドホンが離せない。

他人が馴染《なじ》めずいやいや幼稚園に行ったが、友達は一人もできなかった。幼稚園では緊張してトイレにばかり駆け込んでいた。小学校に入学しても友達はできず、一人で過ごすことが多かった。担任の先生は何とか友達づくりをしようと仲立ちをしてくれたが、級友だけになると寡黙になった。

いつのまにかついたあだ名が「クラ」だった。「暗い」のクラ、屈辱的だったが、一人でいられることが許されたような気がして、気持ちが楽になったのも事実であった。しかし、五年生になると、あだ名のクラからいじめが起きてしまった。

人前で話さなければならないクラス委員を無理やりやらされた。担任からは話すことの練習になるのでやりなさいと励まされる。クラス会がある月曜日の朝になると、決まってお腹が痛くなり我慢できずに学校を休もうとしたが、母親に無理に学校へ連れて行かされ、クラス会でか細い声で司会をすると、全員から「聞こえません」のコールが起きる。先生からも「もっと、大きな声で話しなさい」と注意を受ける。自分ではこれ以上大きな声が出ないくらいの音量で話しているつもりだが、「聞こえません」のコールが再び起こる。涙がひとりでに自然に溢《あふ》れ、流れ落ちた。

次の日、学校に行こうとすると嘔吐《おうと》と腹痛が起き、近所の病院に連れて行かされた。医者は検査結果を見て、「どこも悪いところはないけど、おそらく心の問題でしょうから、心療内科に行ってください」と言う。心療内科では「気持ちの問題だからね」と言われ安定剤を処方された。服用するが気分がすぐれずフラフラするばかりだったので処方をやめてもらった。

一週間学校を休むと、担任が家庭訪問で訪れ、「クラス委員が負担ならば、任期まで、書記とクラス委員の仕事を入れ替えるので学校に来てみたら」と言われ、書記なら務まると思って登校した。

小学校をやっとの思いで卒業し、学区の公立中学校に入学して新しい級友が増えたが、友達は相変わらずできなかった。部活にも誘われたが長続きする自信がなかったので入部しなかった。家に帰り自分の部屋でアニメを描いたり読んだりして部屋で過ごす時間が一番落ち着けた。

2 一七歳、人生は「人間嫌い」「不登校」「自殺」ただそれだけ

中学生になって、初めての梅雨が訪れてまもないある日、母親がいくら起こしても、目だけは開けるが身体が思うように動かなかった。母親は「また、始まった」と言って休ませてくれたが、翌日、大学病院に連れて行かされた。結果は五年生の時と同じだった。母親が担任に相談すると、「疲れているのだから、無理をさせないでゆっくり休ませてください」と言われ帰ってきた。それ以来、学校には行っていない。

ひきこもっている間、幼い頃の夢を見るように何回も思い出した。私の記憶では母親に抱っこされた体験はない。わがままを言って親を困らせたこともない。指遊びや、なぞなぞをしたり、童謡やアニメの歌を母親と一緒に唄ったりしたこともない。甘えたいと思った記憶はかすかにあったような気がするが、母の膝には、いつも弟がいて遠慮してできなかった。

母親のしつけは厳しく、三歳頃から「自分のことは自分でやりなさい」と言われ、自分の洗濯物はたたんで整理ダンスにしまった。家族の食器洗いも、一年生の頃から一人でやっていたような気がする。そして、幼い頃から自分の部

屋があって、そこで一人で寝起きしていた。

幼稚園に入りブランコに乗りたかったが、いつも誰かが乗っているので乗れずに悲しかった。仲間や級友に「私にもやらせて」とか「仲間に入れて」と言えなかった。誘われれば遊びの中に入るが、遠慮があって楽しめない。縄跳びも一人でやっている時はよいが、大縄や二人跳びは自分が失敗したら迷惑をかけると思うと胸がドキドキしてできない。

幼稚園や学校はグループ行動や班行動が多いので苦手だ。その点、算数や国語の読み書き、社会の調べもの、理科の観察やまとめは自分のペースで納得できるまでやれるので、好きだったし成績もよかった。しかし、団体行動は苦手で、先生には「協調性がない」「消極的」「会話ができない」「自分の意見を発表できない」「団体競技になると体が動かない」「気分にむらがある」などと評価され、さんざんな成績だった。学年末にそんな成績表を親に見せると「いつも同じことを先生に書かれるわね。自分の悪いところがはっきりわかっているのに、直せない人は人間の屑よ。いつまで同じ

ことをやっているの！」と火の出るような顔で怒られた。そんなことを繰り返していると自信がなくなり、不安感が強くなり緊張感が増して来る。

どうしたら、気楽に会話が楽しめるようになるのか。みんなのように楽しい話をして屈託なく声を出して笑うことがなぜできないのか私にはわからないし、誰もそんなことは教えてくれなかった。みんなはどこで学んだのだろうか。おそらく学んだのではなく、自然に身についたのだろうけれど、どうやって身につけたのかがわからない。

他人の親子関係はわからないけれど、私と母の関係は変わっているのかもしれない。私は母に甘えることもわがままも言えず、いつも他人行儀だった。母は父や弟に拒絶されると猫なで声で私に近づいて来た。私にとっては身の毛のよだつような行為に見えたが、拒否することもできず、そんな母の話をひたすら聞いていた。

母の話のほとんどが祖母に対するどうでもよいような些細《ささい》な出来事の悪口だった。もう亡くなった人のことなのにと、私には思えるのだが母には許せないらしい。

祖父を早く亡くし、家を売らずに針仕事をして父を育て上げた祖母の頑張りがあるからこの家に住めるのに、母にはそんなことはどうでもよいらしい。私がほんの少しでも母の気持ちから外れた返答をすると、癇癪《かんしゃく》を起こし実家に帰ってしまう。そして、父が仕事から帰って来て、母親がいないのがわかると、「お前の返事が悪いから母親が機嫌を損ねたのだ」といつも怒られていた。

祖母のことは自分が四歳の時にガンで亡くなったので、あまりよく覚えていない。しかし、私には優しい祖母だったという微かな記憶が残っている。そう、三歳の七五三の時に着た着物も祖母が縫ってくれたものだった。あの着物も祖母が亡くなってから、母によって切り裂かれて捨てられた。もしかしたら、母は祖母に自分を否定されたのかもしれない。今、母は無意識に祖母の代わりに私にそれをやり返しているのかもしれない。

いつも自分の存在感がないような気がする。生きていて楽しいと感じたこともない。今までもそうだったから、これからも同じような気がする。そんなある日、家中の薬を探して飲んだ。家の人とは接点がないので発見が遅くなるはずだから逝けるような気がした。自分の一七歳の人生、振り返ってみると「人間嫌い」「不登校」「自殺」それだけしかない。

しかし、自殺には失敗して自殺未遂になった。運ばれた救急病院の医師は「市販薬は大量に飲んでもなかなか死ねないよ。……カウンセリングを受けてみたら」と言う。点滴を受け、導尿をされている自分は生きた恥さらし以外のなにものでもなかった。

3 柚子プロジェクト

本人及び家族

柚子（一七歳一〇か月）は女の子。YG検査でE類のタイプである。核家族。弟（一五歳、中学三年生）がいる。父親（四五歳）は大卒で、会社員。母親（三九歳）は短大卒の専業主婦。

不登校の要因

① 親から見ると、本人の人間嫌いや性格の問題など、柚子自身に関わる問題によるところが大きい。

② 柚子から見ると、家でも学校でも家族や他人と一緒にいると気疲れがひどく、不安が強くなり身体症状が起きる。友達もできたことがない。

▲本人の様子▼

① 中学校一年の六月に不登校になってからほとんど外出をしなくなり、自室にこもるようになった。最初のうちは家族とも少しは会話をしたが、中学を卒業した後は会話をしなくなり、母親とだけ筆談を交わすようになった。話さなくなったきっかけは特にない。最近は顔も姿も家族に見せなくなってきている。

② ストレスによる身体症状として腹痛、嘔吐、発熱（微熱）、不眠などがあった。

③ 筆談による本人の要求も最低限必要なもの（下着、室内着、生理用品、ビデオ・カセットテープ、電池など）を控えめに要求する。

④ 最近（自殺未遂事件の後）本人の希望により、カウンセラーが家庭訪問を始めた。

▲困ったこと▼

親…このままひきこもりが続くのではないか。親が生きているうちはなんとかなるかもしれないが、その後どうなるのか。本人も困るのではないか。

柚子…いつまでこの状態（身体上の不調と、何もかもが不安な精神状態）が続くのか不安だし、社会適応できるのかすべて（人間関係、体力、生活リズム、学力、精神状態）が心配である。

▲今後の希望▼

親…本人のためにも自立してほしい。

本人…不安ばかりだが少しずつ社会に出るための練習をしたい。その前にこんな自分にした親を抹殺したい。

▲家庭内暴力▼

特になし。

▲総合所見▼

本人の希望によって、家庭訪問カウンセリング兼ケースワーク（個別に問題解決のための支援を行うこと）を始めることが可能になったので、本人の状態と両親のカウンセリングを通してわかったことをあわせて以下に述べる。

自殺未遂事件が起きた時に、柚子は精神科及び内科で簡単な健康診断を受けた。診察の結果、状態像の継続観察を続ける必要があるものの、現在の時点で

＊22　不安神経症

原因や理由がはっきりせず、何か悪いことが生じるのではないかという漠然とした不安が起こり、考えれば考えるほど落ち着かなくなってくる（予期不安）と、不安の対象が時とともに少しずつ変化していく慢性の不安状態である。DSM-4では、全般性不安障害に分類されている。

＊23　自律神経失調症

自律神経とは、自分の意思と関係なく、心臓・胃腸、血管、内分泌、汗腺などの内臓器官の働きをコントロールする神経のこと。交感神経と副交感神経の二つがあり、覚醒時は心臓を活発にするため交感神経が、睡

は、「統合失調症を含めて精神疾患は認められないが、不安神経症[*22]がある可能性が認められる」（精神科）、「健康診断の結果問題はないが、自律神経失調症[*23]の可能性がある」（内科）というものであった。

ひきこもりが長く続き、不安から葛藤が起き、自問自答して追い詰めてしまう自責の思考サークルから抜け切れず、その突破口として自殺を考えたが、未遂に終わりぶざまな自分だけを感じ、自分を変えるために訪問カウンセリング[*24]を受け入れた。

陰性感情[*25]が強く自信を喪失しているために、新しい情報や事柄に触れると整理できなくなり不安が増す。その結果、自分の観念だけの陰性思考のマイナスのサークルに入ってしまい、自殺か両親を殺害し自殺する道という結論しか出なかった。そのような結論しか出せない自己解決能力の限界を感じていた。そんな時に、医師の勧めもあってカウンセリングを自宅で受けるようになった。

▲結論▼

YG検査のE類の子である。カウンセリングによって、陰性感情と陰性思考を取り除く必要がある。そして、人間関係の土台となる他人との信頼関係を築くために、本人の未分化[*26]な感情を分化させる必要がある。しかし、母親との感

眠中は心臓の働きをゆっくりさせる副交感神経が働く。このように、相反する働きをしながら、互いにバランスをとって内臓の働きを調節している。このバランスがストレスや不規則な生活などによって崩れることを自律神経失調症という。症状は人によって様々である。

＊24　訪問カウンセリング
ひきこもって外に出られない人のために自宅でカウンセリングを行うこと。

＊25　陰性感情
ひきこもってしまい一人で考えていると、過去の嫌なことばかりを思い出し、さらに不安な未来ばかり考えてしまう感情。

情交流ができないために退行が起こらず上手くいかない可能性も高い。

▲対応の前提となる認識▼

ひきこもり特有の心理状態・不安神経症・自殺予防の三つの観点についての理解をする必要性がある。その点から考え、親子関係の改善を急ぐよりも、本人の気持ちをしっかりと受容することが先決である。

柚子を自然体で愛せない母親自身の心の問題も考えなければならない。

▲具体的対応プログラム▼

カウンセリングは長期間に及んだ。そのため、ひきこもりの人に対応するためにつくったチャートに沿って行った。（図解3）

＊26 未分化な感情を分化
人間は生まれた時、快と不快の感情をもって生まれる。寒い時や暑い時、具合が悪い時など、命の危険がある時、言葉を話せない赤ちゃんは泣いてそのことを知らせる。また、機嫌がよい時にはニコニコしている。
それ以外の感情は母親や養育者との感情の交流によって、刷り込まれ、様々な感情に分かれて（分化して）

図解3　具体的な親・教師・カウンセラーの対応プログラム

①「ひきこもり」の人の強い思い入れ、気持ち、社会観（主観の世界）を受け入れる
※子どもの考え方に歪《ゆが》み、偏り、偏狭、強引さ、誤りなどを感じて

×指摘…「そんな考えだから、社会適応できないのだ」　関係性の終了
×受容…自分のとらえ方との違和感→子どもに見抜かれる　関係性の終了
○受容…なるほど、そうとも考えられるか？　関係性の継続、方針の決定

⬅

②　共通の話題を探す

※子どもの興味のある世界に入っていき、共有化できる話題を見つける

×指摘…「そんなオタクの世界に興味があるからダメなんだ」　関係性の終了
×受容…無理があるのを感じながら話題探し→子どもに見抜かれる　関係性の終了
○受容…子どもの興味と一致・その世界に努力して入る　関係性の継続

⬅

③　緊張感をとる・自然体に近い関係性に変化させる

※子どもに合わせながら、心の遊びやゆとりがもてるような工夫をして自然体の会話を

×指摘…「そんな、遊びをいつまでもやっているからダメなんだ」　関係性の終了
×受容…こんなこといつまでやらなければならないのかな（義務感）　関係性の終了
○受容…努力してその世界に入り、自分も楽しめる・感情の共有化　関係性の継続

⬅

④　子どもの興味の領域を広げ、共有化の世界を拡張していく
※ケーキ・お菓子づくり・ストレッチ・模型製作などの共同作業を通して心と体の一体化

×指摘…上手に作業が進まないことへの指導や指摘　関係性の終了
×受容…一緒にやりながらも、いつの間にか指導者に変化（不満感）　関係性の終了
○受容…共同作業の中にも、一体感があり、楽しさの共有化・満足感　関係性の継続

⬅

⑤　相手を否定しないで自然体で客観性を導入
※子どもが親や相談者に信頼感を強くもてるようになったら、タイミングを合わせて、その状況に

応じて世の中の常識や一般的な考え方を客観的に話す

×指摘…説教調に相手の間違いを正すような指導をする　関係性の終了
×受容…相手の信頼感をたよりに教え込むように指導する　関係性の終了
○受容…同意納得の後、「私はこう考えるけど、どう思う?」の調子で　関係性の継続

⑥子どもの中で、主観性と客観性のせめぎ合いが起こり、他の人への確認が起こる
※自分自身を支えて来た価値観の狭さや偏りに気づき、多少の混乱と客観のせめぎ合いが心の中で起きる。まわりの人に対する確認行為が起こる

×指摘…過去の価値観の誤りを指摘し、一方的に責めることや非難　関係性の終了
○受容…本人の中に価値観や考え方のせめぎ合いがある時、見守る　関係性の継続

⑦　心の中に、自分自身の固有の価値観を
※ひきこもりの時にできた精神世界の価値観と、人間関係の潤滑油としての誰もがそうだねとうなずける客観性のある価値観とが矛盾なく両立する

⬅

⑧　自分の客観を使い、色々な年齢の多くの人と浅い交流を始める
※人間関係のスキルを獲得し、社会参加の第一歩を開始する。徐々に自信を獲得する

⬅

⑨　学校や社会に参加するため、様々な能力や技術の獲得をする
※心理的安定・人間関係の処理能力・体力・生活リズムの安定。その他に子どもならば学力、大人ならば資格や職能技術などを身につけていく

⬅

⑩　学校復帰や社会参加
※自信をつけ、人間関係の中に自然に入っていく

▲訪問カウンセリング▼

カウンセリングは柚子の要望によって、家族が誰もいない時間帯を選んで始めた。最初に会った時、柚子の緊張はピークに達していた。顔は硬直し、視線は定まらず、椅子に座っているが背もたれに身体を預けず、背筋を伸ばして直立の姿勢を保っていた。その姿はまるで初めて受験を体験する小学生のようだった。返事も音声にならず、口から空気が漏れるだけだった。しかし、身なりは若い娘さんらしく、髪も自分であわせ鏡を使い、綺麗にカットしてあり、清潔感が漂っていた。

私が日常生活のことを一方的に少し尋ね、壁に貼ってあるスケッチを見て、その繊細さに感心し絵を褒め、最初のカウンセリングは終わった。私は内心この家には二度と来られないのではないかと思いながら「次はどうしますか?」と尋ねた。しばらくして、柚子は「私は家に誰もいない日ならば、いつでも構いません」と小声で答えた。

「それでは二週間後のこの時間に来ます」と答えた。

同じようなカウンセリングが四、五回続き、いよいよ話す内容がなくなってきたと思っていたら、柚子が、

「先生に来てもらったのは、私がおかしいからではではなく、母親がおかし

いく。

喜びや悲しみ、淋しさなどの分化された感情が、他人と共有化された時、一体感をお互いに感じる。

いのではないかと思って来てもらったのです。私はひきこもっているから他の人の母親と比べられないので……。あの人は表面的には他の人と何にもかかわらないのですけれど、実はおかしいのです」

「私が小さい頃から友達のことで気になることを話すと、あの人は『そんなことはなんでもないわよ。お母さんなんてこんなに大変だったのよ』と言って自分のことばっかり話しはじめます。私がうんざりしていようものなら、『ちゃんとお母さんの話聞いているの』と言うのです。……すべてが自分中心で自分しか愛せない人なのです。

自分のことに皆が注目していればそれでよいのです。少しでも気に食わないことがあると、すぐに実家に帰ってしまい二、三日戻って来ませんでした。母はひとり娘だから実家に帰れば、上げ膳、据《す》え膳で甘やかされているのです。そう、あの人はおかしいのではなくて、大人になれていないのかもしれません。

弟は部活（バスケ）に夢中ですが、小さい時からチックがあり、時々、部屋で奇声を発していますが、母は何も気にしていないみたいです。先生、私のことより母を助けてあげてください」

その後、訪問カウンセリングで母親のことについての話が三、四回続いた。私は真剣に一言も聞き漏らさないように話を聞いて、頷き、「それは柚ちゃん大変だね」を繰り返した。

ある日、柚子は……。

4 おかしいのは母ですか、それとも、そう感じる私の方ですか？

柚子は、「母親がおかしいのですか、それとも、そう感じる私の方がおかしいのですか？」と聞いた。

僕はきっぱりと「柚子ちゃんはおかしくないし、お母さんもおかしいのではなく、大人になれていないのです」と言い切った。

柚子は初めて嬉しそうな顔になって「よかった。大人になれてないのは私だけではないのですね」と言葉を返した。

「自分で何にも責任を取らないで、子どもに責任を転嫁したり、人のせいにしたりするのはおかしいですよね。母の失敗を押しつけられて、今まで生きてきました。母が重荷です。殺したいです」

「お父さんには相談しなかったの？」

「小さい時から話したことなんてありません」

「どうして？」

「誰にも話したことはないのですが、絶対、内緒にしてくれますか？」

「もちろんだよ」

「私が中学に入学し、しばらくたってから父が私の胸の辺りを見て、ニヤニヤしながら、オッパイ大きくなったねと言ったんです。それを聞いた瞬間は自分の耳を疑いました。でも、父が傍にいるのです。ショックでした。そんなことを父が言うなんて。それ以来、父とは口も聞いていません。狂人家族です」

「……」言うことが私にはなかった。

その後、何にも知らない母親は「何回カウンセリングを受けたら、学校に行ったり、バイトをしに行くのですか？」と私に尋ねる。

愕然《がくぜん》とする。柚子のデリケートな心が全くわかっていない。

柚子の心をわかってもらうためには、両親と戦わなくてはならない。親が自分達の味方ではないと感じ、首になったとしても、無料でカウンセリングを続けたい。しかし、親が家に来ることを拒むので柚子に会えなくなるかもしれない。以前は親とカウンセラーとの間で感じ方や考え方が違っても、「子どものためならば」「自分達が間違っていたのかもしれない」と親は思い、カウンセラーが気に入らなくても首になることはなかった。しかし、最近はお金を出しているのは親なのだから、親の希望どおりにしてもらわなくては駄目だと思う人もいる。そんな親のほとんどが高学歴で、子どもの時代に受験塾へ行き続けた人である。「お金で解決する」「お金を出した人がすべて」などのように考え方に歪みがある。

訪問カウンセリングではなく、柚子がカウンセリングルームまで来れば、カウンセリングは続けられる。でも、今の柚子の状態では無理だ。

母親のカウンセリングをしよう。しかし、母親にカウンセリングをしますと言っても、「どうして、私がするのですか?」と言うに決まっている。しかたがないので「柚子さんのことでお話がしたいのですが……」と誘ってみた。

母親には、訪問カウンセリングでの柚子の様子や、緊張感が少しとれて彼女と話ができるようになったことなどを話した。「柚子さんがお母さんに本当の気持ちをわかってもらいたがっています。そして、母親の愛情を求めているのです」と伝えると、母親は一瞬、戸惑いの表情をして……。

5 母親が柚子を愛せない理由

「私は柚子を愛せないのです。実はあの子が小さい時から、可愛いと思えないのです。ですから、あの子の泣き声を聞くのが苦痛でした。でも、叩いたりしたことは一度もありません……。なぜだか心から彼女を愛せないです。私としてはこれが精一杯なのです。心が通じ合わないことはひきこもる前からわかっていました。努力しても、今は柚子が私に心を閉ざしています。先生、今でいう精神的な虐待を私は無意識のうちにしていたのでしょうか？」と涙を流しながら話す。

「弟さんに対してはどうですか？」

「息子に対しては、不思議と自然な気持ちで接することができるのです」

「自然な気持ちとはどういうことですか？」

「彼の色々な要求に対して、受け入れられるというのでしょうか。素直な気持ちで接してあげられるのです。自分に負担のかかることでも、抵抗なくやってあげられるのです。どうしたものか柚子の時とは気持ちが違うのです。なぜだか私にはわからないのです」

「柚子さんから聞いたのですけれど、亡くなられた姑さんとも上手くいっていなかったのですか?」

「私は一生懸命やったつもりなのですが……。義母は何でも上手にできる人でした。義母は何にも言わなかったのですが、私はいつも馬鹿にされているような感じがしていました。それが苦痛で避けていました。柚子にはそんな様子が嫁姑の仲が悪かったように見えたのでしょう。柚子は主人のことを何か言っていませんでしたか?」

「話したくもないと言っています」

「主人も柚子が小さい頃は可愛がっていたのですが、思春期に入ってから上手くいかなくなりました。自分には父親の記憶がないからどう接したらよいかわからないと言っていました」

「会って親子で話し合うことを柚子さんが拒否しますので、『お母さんが柚子の気持ちを掴めなくて、ごめんね』といった内容で、正直な今の気持ちを文章にして柚子さん宛に書いていただけませんか?」

「正直な文章というと、柚子を愛せなかったという文になってしまいますけどよいのですか?」

「そこが重要です。なぜ愛せなかったのか。自分のことで精一杯だったからとか、まだ本当の大人になりきってなかったとか、ご自分で考えてみてなぜいっぱいだったのか、大人になっていなかったのかも含めて書いてみてください」

「先生、そんなこと言ったって、いまだに自分でもわからないのです」

「わかるのを恐れないでください。逃げていては柚子さんと一生、心が通じ合えませんよ。がんばってください」

柚子へ
最近、顔も見なくなってしまいました。身体の調子はいかがですか。お父さんもお母さんも大変心配しています。
今日、こうして、ユズに手紙を書いていますが、ユズの小さかった頃のことを思い出すだけで、かわいそうなことをさせてしまったと胸が痛みます。ごめんなさい。あなたが泣いているのを放っておいたり、疲れきって眠るとホッとしたりして最低の母親でした。そして、眠っていても、のどのかわきで起きてしまったあなたに対して、「そんなに飲みたければ、自分で飲みなさい」と水道水をコップにくんで枕元に置き、あなたがコップを倒してこぼれた水を飲むのを見ながら、私は「自分でぬらしたものは自分でかたづけなさい」と一歳にもならないあなたに言っていました。

先生に言われるまでこれが虐待《ぎゃくたい》だとは思わなかったのです。正直な気持ちいつも、あなたを生まなければよかったと思って、子育てをしていました。私は子育てをするほうではなくて、されるほうでいたかったのかもしれません。

私は、どうして結婚をし、あなたを生んだのでしょう。ひとりっ子で溺愛《できあい》され、わがまま一杯に育てられた私は短大を卒業し、貿易会社に就職したけれど、今まで人に使われたこともなく、命令されたこともなかったので私は仕事が嫌でしかたがなかった。そんな時、取引先の会社に勤めていたお父さんにプロポーズされ、働くよりお嫁さんのほうが楽でよいかなと、安易な気持ちで結婚してしまったのです。結婚し、すぐにあなたを妊娠してしまったの。ごめんなさい。まだお母さんは大人ではなくて、心は子どもだったのかもしれません。本当にごめんなさい。今、柚子が苦しみ悩んでいることが自分の生き方や子育てと関係があったなんて、先生に言われるまで考えてもみませんでした。

あなたが幸せになるために、お母さんにお手伝いできることがあったら、何でもしますから言ってください。

平成一六年九月

母より

書かれた手紙を柚子に見せた。柚子は顔色ひとつ変えずに読んで……、「何にも考えずに生きるからこうなるのよ。人に迷惑がかかっていることなんか夢にも思わない無頓着さがおかしいのよ。早く、先生、母を精神病院に入れて一生出さないようにしてください。私みたいな人間をつくらないためにはそれが一番よいのです。私に勇気があったら母を刺し殺しています」と言って涙をポロポロ流しながら怒った。

次の訪問カウンセリングからは母親のことはほとんど口にしなくなった。そのかわり、父親のことを言いはじめた。「父は私に対して行ったセクハラのことをどう思っているのでしょうか？　母親の未熟さや考えのなさを理解しないで、若くセクシーに見えただけでプロポーズしたのではないのでしょうか？　この二点だけで考えても、女性を知性や性格などで理解するのではなく、自分の性欲だけで判断しているとしか思えません」

この質問についての父の答えを手紙にしてほしいと私は頼まれた。

大好きな柚子へ

柚子の言う中一の時に起きたセクハラ事件を思い出そうとしたけれど、実はよく覚えていない。もし、記憶違いで実際にあった行為ならば、本当にごめんなさい。心を傷つけてしまったならば申し訳ありません。なぜ、覚えていないのか、柚子からその時の状況についてもっと詳しく聞ければ、もしかして思い出すかもしれません。

お父さんはお母さんのことを好きになって結婚しました。顔もスタイルも話し方も性格も好きになってプロポーズしました。もちろん、結婚してからわかったこともあったけれども、すべてが好きになって結婚したよ。

早く、家族みんなで柚子が小さい時の頃のように、楽しくお話ができるようになるといいね。お父さんはいつまでも待っているよ。

平成一六年一〇月

パパより

手紙を読んだ柚子は、

「痴漢やセクハラをした男は自分が汚れるのが嫌で事実を否認すると何かの本に書いてあったけれど本当なのですね。やったことを素直に認めないなんて最低です。男だから出来心もあるのでしょうけれど、素直に認めれば男らしいのに……。先生やっぱり狂人家族でしょ。弟は別でも」

と言った。

「これからどうする。このままでは誤解したままだから、ちゃんと僕も入るし四人で話し合おうよ」

「これ以上、傷つくのは嫌です。もっと、両親のことが嫌いになって、本当に『親を殺す』気持ちが強くなりますから、もういいです。先生ありがとうございました。私の気が狂わないうちに一八歳になったらこの家を捨てます」

6 柚子、自立へ向けて

「そこでお願いなのですが、私が経済的に自立するまでには五年ぐらいはかかると思います。そこで、両親と私の生活費について話し合っていただけないでしょうか」

ひとり暮らしをするためには、買い物にも行かなくてはならない。

外に出る練習を私と一緒に行い、誰も自分のことを見ていないことがわかると、一人でも買い物に行けるようになった。そして、一九歳になった春、知らない町でひとり暮らしを始めた。

両親とは手紙でのやり取りはあるが、話し合うことも電話をすることもない。現在は経済的に親に支えられているが、自分のために買い物に行き、料理を作り、掃除や洗濯をするといった、自立した生活へ向けての最低限のことを始めていた。

今はまだわからないが、今後は何らかの資格を取り仕事をしたいと考えている。しかし、彼女にとって何をするにも大変な努力と精神的な困難がともなうが、両親の住む家にだけは二度と戻りたくないという。

そして、柚子は二〇歳になった。不登校をしてひきこもりが長く、社会経験が絶対的に不足している分だけ、人間関係のスキルの問題や精神的な不安定さが今でも残っている。しかも、両親への不信感はまだまだ強く、親子関係は上手くいっていない分だけカウンセラー以外は相談相手が誰もいない。

柚子と似たような若者は数多くいる。このような状況を支援する社会的なしくみや組織・団体の理解と支援がこれからはますます必要だ。

第五章

様々な関わり方

1 社会的ひきこもりとニート

社会的ひきこもりと最近話題になっているニートの違いは、家族以外の人との人間関係の有無によって区別される。ひきこもりは他人との関わりがなく、ニートは他人との関わりがある。しかし、両者とも、社会参加や社会適応をしていないのだから、本質的には大きな変わりがない。社会的ひきこもりの人やニートの人も、同じようにYG検査でE類の「心因性」(心の問題が原因であるタイプ)と、C類の「オタク(ヲタ)型」の二つのタイプに分けられる。

不安や緊張感が強い**E類の心因性のタイプ**のほとんどはひきこもりだが、中には少しだけつながりのある友人がいるニートの人もいる。このタイプの特徴として、

・人間関係のスキルが不足し、現実社会でストレスを受けやすい。
・現実社会のストレスから逃れるために、好きなこと(仮想世界)に逃避しやすい。
・上手に対応しないと、いつまでもひきこもりの状態が続くことがある。

・長引けば、長引くほど、社会適応が難しくなる。
・心理状態として、陰性感情（第四章＊25参照）や陰性思考が強く、何かを決めなければならない時、アンビバレント[*1]な感情が起き、なかなか決められない。
・自信が喪失していることが多く、必要以上に劣等感に支配されている。

などがあると考えられる。

C類のオタク（ヲタ）型のタイプの大部分はニートだが、中には、他人との関わりが全くないひきこもりの人もいる。その特徴として、

・学校に行く、仕事をする、といったことに価値観を感じていない。
・学校や仕事に行かないことにそれほど罪悪感がない。
・好きなこと（趣味など）だけをして、大人が思う生産的な活動（学校に行く・仕事をする）をしなくても、自己矛盾を感じない。
・他人は他人、自分は自分と思っているから焦ることもないので葛藤がない。
・日常生活で困ることを感じていない。
・自分の将来について、そんなに心配はしていない。好きなことをしながら、

＊1　アンビバレントな感情
相反する二つの感情が同時に起こることをいう。

生きていこうと思っている。

・「社会はそんなに甘くはない」と言う意見に対して、耳を貸さないし、たとえ耳を貸しても、価値観の違いと考える。

・無理はしたくない。自分に合ったことだけを選択して、生きていきたいと思っている。

E類の心因性のタイプや、C類のオタク（ヲタ）型のタイプへの対応は、それぞれこの本の事例（第四章）が対応の基本となる。ただし、子どもや若者の年齢を充分に考慮して対応する必要がある。

2 対応の基本は関係性

ひきこもった人は自分で気持ちを整理しようと、実は心の中は大変忙しい。しかし、気持ちは様々に変化するので整理をしにくいし、自分の気持ちを正確に表現することは至難の技になる。ひきこもりの体験者の話や本を読んでも、ひきこもりから抜け出し、社会参加を始めてから、四、五年しないと話ができないことが多い。自分の気持ちを話してと言われても話せないし、もし、整理がつかないまま話して誤解されたらどうしようかと悩む人も多い。

だから、話を聞いて理解し援助するというよりも、**「私とあなた」の二者関係**を大切にした方がよい。自分はここにいてもよい、何もしていないけれど受け入れられている、という感覚があると、会話も相手を意識して考えて話したりせずにその場の気持ちをそのまま話すようになる。そこに本音が含まれているし、多少、会話の内容が飛んだりずれたりしても気にしてはいけない。

また、会話の内容を責めたり責められたりせずに楽しむことによって、不安や緊張が次第に取れてくることが大切だ。このような二者関係が成立し、豊かになることによって、自信がつき他の人との信頼関係を基盤とした人間関係づくりが始まっていく。

3 親が孤立しないこと

子どもがひきこもると、普段は気にならなかった親戚関係や隣近所が急に気になりだす。これは世間体を人一倍気にする日本人の特色だからだろうか。そのためか、子どもがひきこもると、対応している親もひきこもり状態になる事例は数多くある。その状態では何も改善しないばかりか、親子共々、社会との接触を避けてひきこもることになる。これでは何も解決しない。

子どもはひきこもっても子どもの対応をしなくてよい時は、親は外に出よう。自分の精神的な健康を維持するためにも、子どもを元気にさせるためにも、外に出て**同じ状況に置かれている人達と話をする**とよい。体験談を共有することによって、状況を打開するヒントが得られるかもしれない。たとえ得られなくても、お互いに心が支えられるかもしれない。

親が孤立しないで、外部と信頼し合う関係があると、その信頼感が子どもとの関係性に上手くいくと伝わるようになる。否定的な感情はこうしたちょっとしたことの積み重ねで肯定的な感情へと変わっていく。自分自身を肯定的に考えられると、自分自身に自信が生まれ、不安や緊張感がなくなっていくので、外に出られるようになり人間関係を築けるようになる。

親は、ひきこもりの人達のグループカウンセリングや自助を目的にしている親の会やNPOなどの団体に、勇気を出して参加してみるとよい。その時、自分にとって居心地のよいところを選ばないと意味がない。心が伸び伸びできるところでないと、信頼関係や親愛は生まれてこない。

4 病院や医師の選び方

不登校やひきこもりだからといって、すぐに病院へ行くというのはあまり感心しない。特に児童期や思春期の子ども達は気持ちによって変化が大きいので、精神神経科や心療内科に連れて行かれ、ラベル付けをされることで傷つく子どもも多い。

幻聴や幻覚・妄想の三つが揃い、自傷他害がある場合は別だが、これらがなければ、心理的な問題と考えた方がよい。

どうしても、医師の鑑別が必要な場合は**社会医学系の精神医学出身の医師**を探そう。生物学系の医師だと、投薬中心の療法になりがちだ。精神療法のカウンセリングを中心に対応している医師の方が問題は少ない。いずれにせよ、この問題に精通した臨床例の豊富な医師が望ましい。

また、複数の病院にかかってみて、子どもに合った病院や医師を探すことも有効な方法である。

5 メールカウンセリング

ひきこもると電話にも出なくなる。そこで、最近、注目されているのが、メールによるカウンセリングだ。

ひきこもり傾向の強いE類の心因性の人は、新たな情報や外部からの言葉による刺激によって混乱する時は、自分から情報を受けることも情報を発信することもない。

混乱がおさまって、テレビや新聞のニュースを見たり、読んだりするようになると、自分にとって刺激をしない特定の人からのメールを受けるようになる。

もちろん、自分からは発信しないし、心の状態が悪ければ、メールを開かないで消去したりパソコンや携帯の電源を入れなかったりする。心の状態がよければ、気に入ったメールならば見たり、時には返事を書いたりする。

その関係が続き、精神的に安定してくると、自分の気持ちや不安、悩みなどをメールで話しはじめる。こうなると、ようやく、メールカウンセリングがスタートする。

このような状態の人にとっては、メールカウンセリングは会って行うカウンセリングと同じような効果が上がる。しかし、メールカウンセリングだけの状態を続けても、学校や社会に一歩を踏み出すことはない。

安定した相談がメールで続いたのならば、次の段階の来談者相談（会って相談すること）に切り替えて、外に出る練習を兼ねる必要がある。また、メールだけのカウンセリングは同時に危険性もともなう。メールは文字データだけな[*2]ので、情報量が少なかったり、表現が稚拙だったり曖昧だったりした場合は、誤解を生じることもあるので、あくまでも**来談者相談までの補足**と考えた方がよい。

その点、C類のオタク（ヲタ）型のひきこもりは、パソコンや携帯の電源を切ったりはしない。その代わり、メールは自分にとって、好ましいものは開き、

＊2　メールは文字データだけなので
最近はインターネットを使ったテレビ電話やビデオチャットなどが普及してきたので、それらのものとの併用が期待される。

嫌なものは消去する。心理的な問題で送受信はしない。自分自身の価値観で送受信を決める。その意味では、心の悩みについてのメールカウンセリングはE類の心因性のタイプよりは成立しにくい。学校の情報、留学プラン、就労情報など具体的なものに対する情報伝達などを目的にしたカウンセリングに効果がある。

6 進路、学校・サポート校やフリースクールの選び方

E類の心因性のタイプのような不安や緊張感が強い人は、言葉を変えて言うならば、繊細な人で、色々なことが気になり、自分で納得でき、落ち着けるまで不安感や緊張感が続く人でもある。これは生まれつきの気質からくる。もちろん、様々な経験や体験を積むことによって、「これは大丈夫だ。そんなに心配することはない。過去にも同じような経験があることだ」といった自信から不安や緊張感をもたずにすませることができる。

しかし、ひきこもりからようやく出てきた人は、多人数のところよりも一人

ひとりの関係性や距離感の見えるところの方が適応しやすい。だから、大勢の生徒がいるサポート校よりも、**小規模のフリースクール**の方が向いている。

学校でも、不登校や中退者の子どもを専門に受け入れているところは、同じ不登校や中退者でも、どちらかというと元気のよいタイプの子が多く行くので、受験する前に充分な調査[*3]をした方が無難だ。学校の場合は普通の学校で、不登校の子どもを少人数受け入れており、比較的大人しい子どもが多い学校の方が精神的に楽なはずだ。

大検予備校（高校卒業検定）や大学受験予備校でも、小規模クラスがあり、落ち着いて学習でき、自分がわかるまで教えてくれるところを選ぶのがよい。

その点、C類のオタク（ヲタ）型のひきこもりの人は自分の価値観に合う学校や予備校・サポート校ならばどこでも問題はない。人間関係というより、**同じ趣味の人が集まるところで、自分が学びたいことを学ぶことができる場所**であれば、どんな学校でも問題はない。

＊3　充分な調査
最近はフリースクールやサポート校を調査した本が色々な出版社から出ている。

あとがき

この本を書きながら、イタリアで学校と産業の連携や働く意識をどう育てるかについて学んできた。イタリアでは、一一歳以下の子どもが家に一人でいさせられると両親は罰金を払わなければならない。一二歳以上ならば、他人の子どもの面倒をみて、アルバイトができる。そのお金は国の子育て支援から支払われる。一一歳以下の子どもは寂しくなく、お兄ちゃんやお姉さんと遊び人間関係を学ぶ。一二歳以上の子はアルバイトを通して、自分は人に頼りにされている、役に立っているという自尊感情を育てながら社会貢献をしていく。アルバイト料が安くても関係ない。

イタリアの子ども達に不登校やひきこもりの話をしても、皆、一様に目を丸くして驚いていた。「学校は楽しいし、ネットゲームをするより皆でサッカーする方が楽しいよ」と答える。多種多様の生き方の選択肢が子ども達には用意されており、平日でも家に帰って、家族みんなでゆっくり昼食をとり、夜は近所の人々が集まり、食べながら飲みながら夜が更けるのを忘れて楽しむ。そんなスローライフな生き方がうらやましいと思うのは私だけだろうか。

牟田　武生

■著者略歴

牟田　武生（むた　たけお）

1947年生まれ。1972年に民間教育施設「教育研究所」を設立。不登校の子どものカウンセリング、教育指導を含めたさまざまな活動を行っている。元NHKラジオ「こどもと教育電話相談室」担当、文部省「不登校生徒追跡調査」研究員。現在、NPO法人教育研究所代表、（社）KODOMO健全育成協会準備室代表、不登校問題研究会幹事、「教育新聞」講演委員。

NPO法人教育研究所ホームページ：http://kyoken.org/

著書に、『ネット依存の恐怖 —ひきこもり・キレる人間をつくるインターネットの落とし穴』（教育出版）、『ひきこもり／不登校の処方箋 —心のカギを開くヒント（増補版）』、『すぐに解決！子ども緊急事態Q＆A　大丈夫？～虐待・いじめ・学力低下・不登校・ひきこもり・学級崩壊』、『総ガイド高校新入学・編入学』（以上、オクムラ出版）などがある。

イラスト　船木裕美子

だれにでも起きる !?

ニート・ひきこもりへの対応

2005年8月21日　初版第１刷発行

著　者　牟田武生

発行者　小林一光

発行所　教育出版株式会社

〒101-0051 東京都千代田区神田神保町2-10

TEL 03-3238-6965　FAX 03-3238-6999

URL http://www.kyoiku-shuppan.co.jp/

ISBN 4-316-80108-2　C0037

印刷　モリモト印刷

製本　上島製本